/ חקצ חינוך קדם צבאי /
חו / חי"ר קשיש / חממ חוק מ
/ חרמנ חיל רגלים ממונע / חימוש מונחה מדוייק
ל רפואה / חרמש חיל רגלים משוריין / חנ חטיב
צר, חרצמ חיל רגלים צמוד / חנמ חבר נכבד
שריון / חש חודר שריון / חימוש מטוסים / חנתג ח
מדע / חשב חוק שירות ביטחון / חען חיל-עזר,
חומר נפץ / חוק קיצוב / חשכל חשב כללי / חפל
וקת שלטון מוגבל / חשל חזית שוויון לאומית / חצ
מילואים / חממ חוק מבקר המדינה / חק חבר
חה מדוייק / חמכש חדר מלחמה / חקצ חינוך קד
סים / חוק מעבר לכנסת השנייה / חרמנ חיל רגלי
ר נפץ גרעיני / חק חבר הקבוצות / חימוש מטוסים
נכבד מאוד / חנה חברת נפט השקעות / חוק קי
רכות מטוסים / חלה חוק לימוד חובה / חומר נפץ
ק המעבר / חלפ חזית לאומית פלסטינית / חק ד
/ חקירה מיוחדת / חקירה מוקדמת / חיל משמר / ח
ממלכתית דמוקרטית / חמא חדר מקרי אסון / ח
חוק מעבר לכנסת השנייה / חמד חזית ממלכתי
מלכתי דתי / חיל מדע / חיילים משוחררים דתיים /
חיל מילואים / חמל חדר מלחמה / חממ חוק מ
י / חמה חטיבה מול חטיבה / חימוש מונחה מדוייק
ר נפץ גרעיני / חיל נשים / חיל נוטרים / חנ חטי
בה ניידת / חמש חיל משוריין / חנמ חבר נכבד
נכבד מאוד / חממ חוק מבקר המדינה / חנתג ד
נחה מדוייק / חמנ חיל מודיעין / חען חיל-עזר,
חיל משטרה צבאית / חמס חיל מגן סודאני / חפל

diplomatic hebrew

a glossary of current terminology

West Hills College Coalinga
Fitch Library
300 Cherry Lane
Coalinga, CA 93210

For sale by the Superintendent of Documents, U.S. Government Printing Office
Washington, D.C. 20402.

Stock Number 030-001-00091-5

diplomatic hebrew

a glossary of current terminology

compiled by

lawrence marwick

hebraic section
african and middle eastern division

library of congress   •   washington   •   1980

Library of Congress Cataloging in Publication Data

Marwick, Lawrence, 1909–
    Diplomatic Hebrew.

    1. Diplomacy—Dictionaries—Hebrew.
2. International agencies—Dictionaries—Hebrew.
3. Abbreviations, Hebrew. 4. Hebrew language—
Dictionaries—English. I. United States. Library of
Congress. African and Middle Eastern Division. Hebraic
Section. II. Title.

JX1226.M3   327'.2'03   79–12383
ISBN 0–8444–0308–3

pReface

The need for this work was suggested by the many requests received in the Hebraic Section of the Library of Congress over the past thirty years. Scholars, translators, and abstractors required accurate, up-to-date information reflecting recent developments and coinages in Hebrew diplomatic and related terminology which were not available in general dictionaries.

Our decision to undertake such a compilation was strengthened by the official requests from Congress and various government agencies for translations, interpretations, and résumés of a multitude of official documents emanating from Israel. Fortunately, the materials to draw upon were readily available at the Library since it emphasizes acquiring important works devoted to the politico-historical, economic, legal, and sociological aspects of this area.

Diplomatic Hebrew will facilitate the study of Israel's foreign policy and contains entries intimately connected with this field, such as immigration, border security, economics, and defense.

Aside from the Hebrew–English vocabulary, we have appended an extensive list of acronyms to assist in deciphering a most baffling aspect of current Israeli Hebrew for which little assistance is forthcoming.

There is also a bilingual listing of international associations, bureaus, institutes, councils, and treaties concerning Israel. Both government and unofficial bodies are integrated within the vocabulary used.

We hope that *Diplomatic Hebrew* will contribute, however slightly, to a fuller appreciation of Middle Eastern affairs.

contents

diplomatic hebrew

a glossary
of
current terminology

VOCABULARY

א

loss of citizenship	אבדן אזרחות
passive protection	אבטחה סבילה
active protection	אבטחה פעילה
collective protection	אבטחה קיבוצית
frictional unemployment	אבטלה חיכוכית
structural unemployment	אבטלה מבנית
cyclical unemployment	אבטלה מחזורית
chevalier, knight, cavalier	אביר
Mourners for Zion	אבלי ציון
criterion	אבן בוחן
mileage markers	אבני קילומטרים
gunpowder	אבק שריפה
Israel Society for Human Rights	האגודה הישראלית לזכויות האדם
Israel Society of the International Commission of Jurists	האגודה הישראלית ליד חבר המשפטאים הבינלאומי
Israel Nuclear Society	האגודה הישראלית למדעי הגרעין
Israel Political Science Association	האגודה הישראלית למדעי המדינה
Association of Jewish Demography and Statistics	האגודה לדמוגרפיה ולסטטיסטיקה של היהודים
Society for Research on Jewish Communities	האגודה לחקר תפוצות ישראל
Israel–Japan Friendship Society and Chamber of Commerce	האגודה לידידות ולשכת המסחר ישראל–יפן
Israel–America Friendship Society	האגודה לידידות ישראל–אמריקה
trade union	אגודה מקצועית
consumers' society	אגודה צרכנית
cooperative society or association	אגודה שיתופית
cooperative credit society	אגודה שיתופית לאשראי
Agudath Israel	אגודת ישראל
relief society for prisoners of war	אגודת סיוע לשבויי מלחמה
Mediterranean basin	אגן הים התיכון
section, division, department	אגף
Population Department	אגף אכלוס
Administrator General's Department	אגף האפוטרופוס הכללי
Immigration Services and Population Registration	האגף לעלייה ולמרשם
Foreign Scientific Relations Department	האגף לקשרי חוץ מדעיים
Emergency Services and Special Duties	האגף לשירותי חירום ולתפקידים מיוחדים
Tourist Services in Israel	אגף שירותי תיירות בישראל
Budget Department	אגף התקציבים

[1]

quartermasters branch	אגף אפסנאות
manpower branch, adjutant general's ('A') branch	אגף כוח אדם
Fisheries Department	האגף לדייג
operations branch	אגף מבצעים
intelligence branch	אגף מודיעין
Foreign Exchange Department,	אגף מטבע חוץ
foreign currency branch	
general staff branch	אגף המטה הכללי
department of customs and excise	אגף המכס והבלו
Income Tax and	אגף מס הכנסה
Property Tax Commission	ומס רכוש וקרן פיצויים
department of antiquities and museums	אגף העתיקות והמוזיאונים
Registrar General's Department	אגף הרשם הכללי
Employment and Absorption Branch	אגף התעסוקה והקליטה
letters of credit	אגרות אשראי
visa fees	אגרות אשרה
bonds, debentures	אגרות חוב
storage fee	אגרת אחסנה
towage dues, towing fee	אגרת גרירה
permit fee	אגרת היתר
overseas exit permit fee	אגרת היתר יציאה לחוץ–לארץ
regularization fee	אגרת הסדרה
detention fee	אגרת השהייה
renewal fee	אגרת חידוש
customs, or duty fee	אגרת מכס
pilot fees, pilotage	אגרת ניתוב
harbor fee	אגרת נמל
stevedore's fee	אגרת סוואַרוּת
anchoring fee, anchorage dues	אגרת עגינה
appeal fee	אגרת ערעור
wharfage	אגרת רציף
moorage	אגרת רתיקה
permit fee	אגרת רישיון
Ad hoc	אד–הוק
scorched earth	אדמה חרוכה
Holy Land	אדמת הקודש
Crown Lands	אדמות כתר
admiralty	אדמירליות
a découvert	א' דקובר
suzerainty	אדנות
ad referendum	אד–רפרנדום
obstruction	אובסטרוקציה

division, combat team	אוגדה
task force	אוגדה משימתית
subsonic jet plane	אווירון סילוני תת-קולי
air force	אווירייה
autonomy	אוטונומיה
population	אוכלוסייה
ultimatum	אולטימאטום
studio (accelerated Hebrew courses)	אולפן
added value estimate	אומדן ערך מוסף
production estimate	אומדן תפוקה
budget estimate	אומדן תקציב
member nation	אומה חברה
most-favored nation	אומה מועדפת ביותר
fraud	אונאה
Hungary	אונגריה
fleet	אוני
universal	אוניברסאלי
amphibian vessel	אונייה אמפיבית
abandoned or derelict ship	אונייה עזובה
stranded ship	אונייה תקועה
ocean going ship	אוניית אוקינוס
training ship	אוניית אימונים
supply boat	אוניית אספקה
troop carrier	אוניית גייסות
flagship	אוניית דגל
bulldozer ship	אוניית דחפור
military transport vessel	אוניית הובלה צבאית
Resistance ship	אוניית המרי
supply ship	אוניית הספקה
hospital ship	אוניית חולים
salvage boat	אוניית חילוץ
torpedo boat	אוניית טורפדו
pocket battleship	אוניית כיס
escort vessel or ship	אוניית ליווי
shipyard vessel	אוניית מבדוק
test ship	אוניית מבחן
mineship, mine layer	אוניית מוקשים או מיקוש
dredger	אוניית מחפר
tanker	אוניית מיכל
battleship, warship, man of war	אוניית מלחמה
transport ship	אוניית מעבורת
freighter, cargo ship	אוניית משא

destroyer	אוניית משחית
landing boat or ship	אוניית נחיתה
merchant ship, merchantman	אוניית סוחר
auxiliary ship	אוניית עזר
command boat, vessel or ship	אוניית פיקוד
troopship	אוניית צבא
steamship, steamer	אוניית קיטור
battleship	אוניית קרב
service ship	אוניית שירות
frigate	אוניית שמירה
armored boat, cruiser	אוניית שריון
gunboat	אוניית תותחים
maintenance ship	אוניית תחזוקה
ammunition boat	אוניית תחמושת
bulk cargo boat	אוניית תפזורת
constraint	אונס
opposition	אופוזיציה
political character or nature	אופי מדיני
political offensive	אופנסיבה מדינית
military option	אופציה צבאית
operational	אופרטיבי
Treasury, Exchequer	אוצר המדינה
Jewish Colonial Trust Ltd.	אוצר התיישבות היהודים
natural resources	אוצרות טבע או אוצרות טבעיים
Atlantic Ocean	האוקינוס האטלנטי
Antarctic Ocean	האוקינוס האנטארקטי
Arctic Ocean	האוקינוס הארקטי
Indian Ocean	האוקינוס ההודי
Pacific Ocean	האוקינוס השקט
diplomatic manner	אורח דיפלומטי
orientation	אוריאנטציה
duration	אורך זמן
uranium	אורן
warning signal	אות אזהרה
warning signal, alarm signal	אות אזעקה
all clear signal	אות ארגעה
Victory Medal, Independence Medal	אות הקוממיות
starting signal	אות זינוק
award, decoration	אות כבוד
distress signal	אות מצוק או אות מצוקה
retreat signal	אות נסיגה
Sinai campaign medal	אות סיני

flash	אות תאורה
signal (v.)	אותת
citation, reference	אזכור
refer (v.)	אזכר
battle alarm	אזעקת קרב
false alarm	אזעקת שווא
alien, foreign national	אזרח חוץ
honorary citizenship	אזרחות כבוד
dual citizenship	אזרחות כפולה
nationality by birth	אזרחות מלידה
civic, civil	אזרחי
Islamic unity	אחדות אסלאמית
possessions	אחוזות
air maintenance	אחזקה אווירית
international responsibility	אחריות בינלאומית
reciprocal liability or responsibility	אחריות הדדית
limited liability	אחריות מוגבלת
absolute or strict liability	אחריות מוחלטת
collective liability or responsibility	אחריות קולקטיבית
vicarious liability	אחריות שילוחית
atomic	אטומי
distrust or lack of confidence	אי־אימון
non participation	אי־השתתפות
lack of coordination	אי־התאמה
non provocation	אי־התגרות
non resistance	אי־התנגדות
non intervention	אי־התערבות
non aggression	אי־התקפה
Tiran Island	אי טיראן
instability	אי־יציבות
non eligibility	אי־כשירות
default	אי־מילוי
impartiality	אי־משוא פנים
non vulnerability	אי־פגיעות
default or non payment	אי־פירעון
disobedience	אי־ציות
disequilibrium	אי־שיווי
non cooperation	אי־שיתוף פעולה
unrest	אי־שקט
inapplicability	אי־תחולה
independence	אי־תלות
open enmity	איבה גלויה

traditional enmity	איבה מסורתית
loss of position	איבוד עמדה
interparliamentary union	איגוד בינפרלמנטרי
trade or professional union	איגוד מקצועי
labor union	איגוד עובדים
international union	איגוד עולמי
long term debentures, bonds	איגרות חוב ארוכות מועד
linked debentures or bonds	איגרות חוב צמודות
bonds or debentures linked to the dollar	איגרות חוב צמודות לדולר
bonds or debentures linked to index (of cost of living)	איגרות חוב צמודות למדד
Government of Israel notes (Development Loan)	איגרות מדינת ישראל (מילווה הפיתוח)
note, letter	איגרת
airletter	איגרת אוויר
letter of credit	איגרת אשראי
par (face) value	איגרת בערך נקוב
government bond or debenture	איגרת חוב ממשלתית
negotiable debenture, transferable obligation	איגרת חוב למוכ"ז
nuclear threat	איום גרעיני
Arab threat	איום ערבי
military threat	איום צבאי
nuclear parity	איזון גרעיני
balancing armaments	איזון חימוש
balance of powers	איזון כוחות
balancing of shipments	איזון משלוחים
budget balancing	איזון תקציב
balance of payments	איזון תשלומים
checks and balances	איזונים ובלמים
safety, security zone	איזור ביטחון
Jordan Valley zone	איזור בקעת הירדן
border zone	איזור גבול
West Bank area	איזור הגדה המערבית
"Good Fence" area	איזור הגדר הטובה
Hill Region	איזור ההרים
Coastal Region or Zone	איזור החוף
Sterling area	איזור הסטרלינג
drop zone	איזור הצנחה
sphere of influence	איזור השפעה
Canal Zone	איזור התעלה
free zone	איזור חופשי
buffer zone	איזור חייץ

איזור אינטגרציה

איזור חיכוך	friction zone
איזור ימי	naval zone
איזור כיבוש	occupation zone
איזור לחימה	combat zone
איזור מבצעים	zone of operations
איזור מוגן	protected zone
איזור מושפע	affected area
איזור מנהלי	administrative area or zone
איזור מפורז	demilitarized zone
איזור מצוקה	distress area or zone
איזור נחיתה	landing zone or area
איזור נחשל	depressed area
איזור סגור	closed zone
איזור סחר חפשי	free trade zone
איזור סמוך	adjoining or contiguous zone
איזור ספר	border zone
איזור עורף	hinterland zone
איזור עימות	confrontation zone
איזור פיתוח	development area or zone
איזור קרב	battle area
איזור שיפוט	area of jurisdiction
איזור שמורה	sanctuary
איי האוקינוס השקט	Pacific Islands
איי דרום האוקינוס השקט	Oceania
איי התעלה	Channel Islands
אייש	man (n.)
איכן	locate (n.)
אילוף מדיני	political
אימון מקצועי	vocational training
אימון צבאי	military training
אימון תעשייתי	industrial training
אימוני מילואים	reserve exercises
אימוני שדה	field exercises
אימוץ	adopt (v.)
אימות	authentication
אימפריאליסטי	imperialistic
אימץ החלטה	adopt a resolution (v.)
אימץ סדר היום	adopt agenda
אימת	authenticate (v.)
אינדונסיה	Indonesia
אינדכס יוקר המחייה	cost of living index
אינטגרציה	integration

intrigue	אינטריגה
Third International	האינטרנציונל השלישי
vital interests	אינטרסים חיוניים
interpretation	אינטרפרטציה
demand inflation	אינפלציה של ביקוש
injunction, prohibition, ban of loot	איסור ביזה
import prohibition	איסור יבוא
trade prohibition	איסור סחר
Constantinople	איסטנבול
Islam	איסלאם
Iceland	איסלנד
irredentism	אירדנטיות
incident, event	אירוע
contingency	אירוע אפשרי
reservist	איש מילואים
warrior	איש מלחמה
soldier	איש צבא
frogman	איש צפרדע
commando	איש קומאנדו
approval	אישור
prior approval	אישור קודם
official approval	אישור רשמי
persona non grata	אישיות לא רצוייה
juridical personality	אישיות משפטית
approve, confirm (v.)	אישר
exclusively, solely	אך ורק
extraterritoriality	אכסטריטוריאליות
enforcement	אכיפה
enforcement of penalty	אכיפת עונש
youth hostel	אכסניית נוער
validate (v.)	אכשר
brigadier general, major general	אלוף
colonel, brigadier general	אלוף משנה
commanding general	אלוף פיקוד
alternative	אלטרנטיבה
violence	אלימות
selective embargo	אמברגו סלקטיבי
confidence, trust	אמון
foregoing	האמור לעיל
authenticity, reliability	אמינות
Emirate	אמירות
bona fide	אמיתי

convention, pact, covenant, agreement	אמנה
international convention or pact	אמנה בינלאומית
revising convention	אמנה מתקנת
supplementary convention	אמנה נוספת
multilateral convention	אמנה רב–צדדית
convention or treaty of extradition	אמנת הסגרה
customs convention	אמנת מכס
Treaty of Constantinople	אמנת קושטא
amphibian	אמפיבי
alarm measures	אמצעי אזעקה
fire measures	אמצעי אש
safety measures	אמצעי בטיחות
security measures	אמצעי ביטחון
interim measures	אמצעי ביניים
restraint measures	אמצעי הגבל
defense measures	אמצעי הגנה או מגן
discriminatory measures	אמצעי הפלייה
deterrence measures or means	אמצעי הרתעה
precautionary measures	אמצעי זהירות
emergency measures	אמצעי חירום
means of production	אמצעי ייצור
preparedness measures	אמצעי כוננות
combat means, means of warfare	אמצעי לחימה
preventive measures	אמצעי מניעה, המנעה או מנע
countermeasures	אמצעי נגד
means of existence	אמצעי קיום
means of communication	אמצעי תחבורה
legislative measures	אמצעי תחיקה
payment measures	אמצעי תשלום
administrative measures	אמצעים מנהליים
legal steps or measures	אמצעים משפטיים
appropriate means or measures	אמצעים מתאימים
Central America	אמריקה המרכזית
pretext	אמתלה
monument	אנדרטה
annuity	אנונה
atomic energy	אנרגיה אטומית
atomic fission or nuclear energy	אנרגיה גרעינית
bandits, gangsters	אנשי כנופיות
reservists	אנשי מילואים
members of mission	אנשי נציגות
crewmen	אנשי צוות

strategic	אסטרטגי
grand strategy	אסטרטגיה רבתי
Central Asia	אסיה המרכזית או התיכונה
Asia Minor	אסיה הקטנה
extraordinary meeting	אסיפה יוצאת מן הכלל
general meeting	אסיפה כללית
national assembly	אסיפה לאומית
constituent assembly	אסיפה מכוננת
plenary session	אסיפת מליאה
elected assembly or assembly of notables	אסיפת הנבחרים
prisoner, captive	אסיר
prisoner of conscience	אסיר המצפון
Haganah prisoners	אסירי ההגנה
prisoners for Zion's sake	אסירי ציון
Soviet school	אסכולה סוביאטית
supply of arms	אספקת נשק
escalation	אסקאלציה
Afghanistan	אפגאניסתאן
custodian general	אפוטרופוס כללי
Custodian of Absentee Owners Property	אפוטרופוס לנכסי נפקדים
Soviet trusteeship or tutelage	אפוטרופסות סוביאטית
lien	אפותיקי
Pope	אפיפיור
racial discrimination	אפלייה גזעית
Apartheid	אפרטהייד
A priori	א–פריורי
Equatorial Africa	אפריקה המשוונית
facilities	אפשורות
nobility	אצולה
delegation of authority	אצילת סמכויות
preamble	אקדמה
Israel Academy of Sciences and Humanities	האקדמיה הלאומית הישראלית למדעים
Academy of the Hebrew Language	האקדמיה ללשון העברית
accretion	אקרציה
Israel Organization of Former Nazi Prisoners	הארגון הארצי של אסירי–הנאצים לשעבר בישראל
regional defense organization	ארגון הגנה איזורי
World Union of Jewish Students	הארגון העולמי של הסטודנטים היהודיים
Popular Front for the Liberation of Palestine (PFLP)	ארגון החזית העממית לשחרור פלסטין

Popular Organization for the Liberation of Palestine (POLP)	הארגון העממי לשחרור פלסטין
Palestine Arab Organization	הארגון הערבי הפלסטינאי
Action Group for the Liberation of Palestine (AGLP)	ארגון הפעולה למען שחרור פלסטין
Palestine Liberation Organization (PLO)	ארגון השחרור הפלסטיני
method and organization	ארגון ונוהל
organization and methods	ארגון ושיטות
sabotage organization	ארגון חבלה
Israel War of Independence Disabled Veterans Organization	ארגון נכי מלחמת השחרור
Organisations of Partisans, Underground and Ghetto Fighters	ארגון פרטיזנים לוחמי מחתרת ומורדי גיטאות
National Military Organization	ארגון צבאי לאומי
heavy artillery	ארטילריה כבדה
self propelling artillery	ארטילריה מתנייעת
field artillery	ארטילריית שדה
Central Archives for the History of the Jewish People	הארכיון המרכזי לתולדות העם היהודי
The Central Archives of "Yad Vashem"	הארכיון המרכזי של „יד ושם"
Central Zionist Archives	הארכיון הציוני המרכזי
The Archives of the Israel Defense Army	ארכיון צה"ל
Army	ארמיה
war damage compensation	ארנונה לפיצוי נזקי מלחמה
property tax	ארנונת רכוש
protectorate, dependency	ארץ חסות
occupied territory	ארץ כבושה
non–self–governing territory	ארץ ללא שלטון עצמי
fatherland, motherland	ארץ מולדת
country of origin	ארץ מוצא
country of destination	ארץ ייעוד או יעד
developed country	ארץ מפותחת
country in distress	ארץ מצוקה
United States of America	ארצות הברית של אמריקה
United States of Brazil	ארצות הברית של ברזיל
The Conseil D'Entente	ארצות ההסכמה
Diaspora	ארצות הפזורה
The Netherlands	ארצות השפלה
Diaspora	ארצות התפוצה
prosperous countries	ארצות רווחה
automatic fire	אש אטומטית

flanking fire	אש אגפית
interdiction fire	אש אמנעה
harassment or harassing fire	אש הטרדה
assault fire	אש הסתערות
annihilation fire	אש השמדה
frontal fire	אש חזיתית
defensive fire	אש מגן
concentrated fire	אש מרוכזת
counter fire	אש נגד
cross fire	אש צולבת
accompanying fire	אש צמודה
automatic fire	אש שוטפת
flat trajectory fire	אש שטוחת מסלול
secret message	אשגר סודי
bank credit	אשראי בנקאי
directed credit	אשראי מוכוון
ratification of convention	אשרור אמנה
ratify (v.)	אשרר
visitor's visa	אשרת ביקור
gratis or free visa	אשרת חינם
exit visa	אשרת יציאה
entrance or entry visa or permit	אשרת כניסה
transit visa	אשרת מעבר
immigrant visa	אשרת עולה
Athens	אתונה
Ethiopia	אתיופיה
ethnic	אתני
historical site	אתר היסטורי
archeological site	אתר חפירות
national site	אתר לאומי
antiquities site	אתר עתיקות
admonition, warning	אתראה

ב

succeed, replace (v.)	בא במקום
representative, delegate	בא כוח
resolve (v.)	בא לכלל דעה
Babi Yar	באבי יאר
regularly	באופן סדיר
fairly	באופן צודק
arbitrarily	באופן שרירותי

[12]

similarly	באורח דומה
reciprocally	באורח הדדי
provisionally	באורח זמני
unilaterally	באורח חד צדדי
periodically	באורח מחזורי
in the usual manner	באורח מקובל
definitively	באורח סופי
formally	באורח פורמאלי
to the same amount	באותו שיעור
freely	באין מפריע
arbitrarily	באלימות
through, via, c/o	באמצעות
simultaneously	בד בבד
openly	בגלוי
political isolation	בדידות מדינית
separateness	בדילות
isolationism, separatism	בדלנות
unanimously	בדעה אחת
review (v.)	בדק
otherwise	בדרך אחרת
by mutual consent	בדרך הסכמה הדדית
generally, normally	בדרך כלל
by mutual consent	בהסכם הדדי
with reservation in respect of	בהסתייגות לגבי
with reference to	בהסתמך על . . .
as soon as practicable or possible	בהקדם האפשרי
speedily and completely	בהקדם ובאורח מלא
in accordance with, in conformity with . . . or pursuant to	בהתאם ל . . .
accordingly	בהתאם לכך
as the need arises	בהתאם לצורך
subject to, taking into account, taking into consideration	בהתחשב עם
simultaneous	בו זמני
auditor, examiner	בוחן
defense stamp tax	בול ביטחון
postal stamp	בול דואר
revenue stamp	בול הכנסה
commemorative stamp	בול זיכרון
Bundestag	בונדסטאג
bunker	בונקר
petite bourgeoisie	בורגנות

stock exchange	בורסה לניירות ערך
arbiter, umpire	בורר
international arbitration	בוררות בינלאומית
obligatory arbitration	בוררות חובה
wilfully or with malicious intent	בזדון
contempt of court	בזיון בית המשפט
lèse majesté	בזיון מלכות
with reference to, with tespect to	בזיקה ל . . .
telecommunication	בזק
blitz	בזק
seriously	בחומרה
strategic consideration	בחינה אסטרטגית
security aspect	בחינה בטחונית
choice, option	בחירה
personal elections	בחירות אישיות
secret elections, elections by secret ballot	בחירות חשאיות
proportional elections	בחירות יחסיות
direct elections	בחירות ישירות
general elections	בחירות כלליות
by elections	בחירות משנה
under the aegis or auspices of	בחסות
in part	בחלקם
simultaneously, concurrently	בחפיפות
Bahrein	בחריין
securities	בטוחות
in a single copy	בטופס יחיד
safety of life at sea	בטיחות החיים בים
safety of life and property	בטיחות החיים והרכוש
abrogated, rescinded	בטל
null and void	בטל ומבוטל
void	בטל מעיקרו
post office	בי דואר
isolate (v.)	בידד
interpolation, intelligence	ביון
knowingly	ביודעין
decentralization	ביזור
bureaucracy	ביורוקרטיה
jointly and severally	ביחד ולחוד
pertaining to	ביחס ל . . .
unemployment insurance	ביטוח אבטלה
compulsory insurance	ביטוח חובה
national insurance	ביטוח לאומי

ביטוח סוציאלי	social security
ביטוי של שלום	peaceful expression
ביטול	abolition, abrogation
ביטול אגרות אשרה	abolition of visa fees
ביטול הדדי	reciprocal abolition
ביטול הדרגתי	progressive abolition
ביטחון הציבור	public security
ביטחון פנימי	internal security
ביטחון צבאי	militaty security
ביטחון קולקטיבי או קיבוצי	collective security
ב.י.ל.ו. — בית יעקב לכו ונלכה	O House of Jacob, let us arise and go (Is. 2.5)
בילואי, בילויי	Bilu member
בילטרלי	bilateral
בינגושי	inter block
בינגזעי	interracial
ביניבשתי	intercontinental
בינלאומי	international
בינמפלגתי	interparty
בינמשרדי	interoffice
ביצוע	enforcement, execution
ביצור	fort, fortification
ביצורי שדה	field fortifications or field works
ביצע פשע	commit a crime (v.)
ביקוע גרעיני	nuclear fission
ביקור גומלין	reciprocal or return visit
ביקור ממלכתי	state visit
ביקור נימוסים או נימוסין	courtesy visit or call
ביקור רצון טוב	goodwill visit
ביקור רשמי	official visit
ביקורת	audit, control
ביקורת גבולות	border control
ביקורת הוגנת	fair comment
ביקורת מכס	import duty control
ביקורת פנימית	internal audit
ביקורת רפואית	medical inspection
ביקורת רשויות מקומיות	inspection of local authorities
ביקוש והיצע	demand and supply
ביקוש מקומי	local demand
בירות	Beirut
בית דין	law court, tribunal
בית דין לבוררות	arbitral tribunal, court of arbitration

בית דין לספנות	court of admiralty
בית דין לעבודה	labor court
בית דין לערעורים	court of appeals
בית דין לקיום צוואות	probate court
בית דין משמעתי או למשמעת	disciplinary court
בית דין פלילי	criminal court
בית דין צבאי לערעורים	military court of appeal
בית דין שדה	field general court martial
בית דין שרעי	Muslim religious court
בית הדין הרבני הגדול לערעורים	High Rabbinical Court of Appeal
הבית הלבן	White House
בית הלורדים	the House of Lords
בית הנבחרים	Parliament
הבית העליון	Upper House, House of Lords
הבית הראשון	First Temple
הבית השני	Second Temple
בית זיקוק	refinery
בית חולים בסיסי	base or command hospital
בית חולים שדה	field hospital
בית ישראל	Jewry, House of Israel
בית לאומי	National Home
בית לחם	Bethlehem
בית מורשים	parliament, representative assembly
בית מחוקקים	legislature, parliament
בית מכס	customs house
בית מלוכה	dynasty, royal family, monarchy
בית משפט אזרחי	civil court
בית משפט השלום	Magistrate's Court
בית משפט לבוררות	arbitration tribunal
בית משפט לערעורים	Court of Appeals
בית משפט לערעורים אזרחיים	court of civil appeals
בית משפט לערעורים פליליים	court of criminal appeal
בית משפט מוסמך	authorized or competent court
בית משפט עירוני	municipal court
בית נבחרים	house of representatives, parliament
בית ספר לפיקוד ולמטה	command and staff school
בית עולים	immigrant reception center
בית קברות צבאי	military cemetary
בית תיקון עבריינים	penitentiary
בכל אופן	in any case, anyway, at any rate
בכל ההקדם האפשרי	as soon or as promptly as possible
בכל החומרה	scrupulously

בכל תוקף	resolutely
בכפוף ל . . .	subject to
בכפוף לאשרור	subject to ratification
בכפוף לאשרור, בהצהרה	subject to ratification with declaration
בכפוף לאישור	ad referendum
בכפוף להוראות	subject to provisions
בכפוף להסתייגות	subject to reservations
בכפוף להצהרה	subject to a declaration
בכפוף לקבלה	subject to acceptance
בכפוף לקבלה שלאחר מכן	subject to later acceptance
בכפוף לשינויים	subject to modifications
בלא הסתייגות	without reservations
בלא לפגוע	without prejudice
בלא שים לב	without regard
בלבד	provided
בלדר	courier, envoy
בלדר דיפלומטי	diplomatic courier
בלו	excise duty
בלווית	accompanied by
בלוקדה	blockade
בליסטיקה	ballistics
בלם	curb (v.)
בלעדי	exclusive
בלתי אחיד	unintegrated
בלתי הוגן	inequitable, undue
בלתי חוקי	illegal, illicit
בלתי לוחם	non-combatant
בלתי מותנה	unconditional
בלתי מזוהה	unidentified
בלתי מיצועי	immediate
בלתי מתיישב	incompatible
בלתי נושא ריבית	non-interest bearing
בלתי נפרד	integral
בלתי סביר	unreasonable
במאוחד ובנפרד	jointly and severally
במוקדם או במאוחר	sooner or later
במחזור	in circulation
במידה ש . . .	to the extent that
במידה ניכרת	substantially
במידת האפשר	as far as possible
במישרין או בעקיפין	directly or indirectly
במלוא האהדה האפשרית	as favorably as possible

במלוא המידה האפשרית	so far as possible, to the maximum extent possible
במלוא מידת האמצעים שברשות	to the fullest extent of the means available to it
במפורש	explicitly
במקביל	concurrently
במקום	instead
במשותף	jointly
הבן	Jr.
בן ביקוע	fissionable
בן ברית	ally, confederate
בן גומלין	reciprocal
בן חלוף	transient
בן חסות	protected
בן סמך	authoritative, competent
בן פועל	effective
בן תערובות או בן ערובה	hostage
בנאום	internationalization
בנאם	internationalize (v.)
בני מיעוטים	minorities
בניגוד ל . . .	in opposition
בנפרד	separately
בנק אפותיקאי	mortgage bank
בנק הוצאה	bank of issue
הבנק העולמי	World Bank
בסיס אוויר	air base
בסיס אימונים	training base or depot
בסיס אספקה	supply base
בסיס הדרכה	training camp
בסיס התקפה	attack base
בסיס חיל הים או ימי	naval base
בסיס טילים	missile base
בסיס יציאה	exit base
בסיס מבצעים	base of operations
בסיס מחבלים	terrorists' base
בסיס צבאי	military base
בסיס צוללות	submarine base
בסיס צי	naval base
בסיס קבע	permanent base
בסיס קדמי	advance base
בסיס שיגור	launching base
בסיס של גומלין	basis of reciprocity

בסיס תחזוקה	maintenance base
בסיס תחמושת	ammunition depot
בעייה בטחונית	security problem
בעייה סביבתית	environmental problem
בעיית פליטים	refugee problem
בעין	in kind
בעל איגרת	holder of debenture
בעל אופי דומה	of a similar character
בעל אמנה	contracting party
בעל ברית	ally, confederate
בעל דין	litigant, contestant
בעל הסכם	contracting party
בעל השפעה	influential
בעל מניות	shareholder
בעל סכסוך	party to conflict
בעל תוקף	valid
בעלות	ownership, proprietorship
בעלי אמנה	contracting parties
בעלים שותפים	joint owners
בעקבות דיונים	following discussions or deliberations
בעקבות החלטה	following the decision
בערבון מוגבל	Ltd., of limited liability
בעת ובעונה אחת	simultaneously
בפומבי	publicly
בפיגור	in arrears
בפירוש	explicitly
בצוותא	jointly
בצורת דפים נפרדים	loose-leaf
ביקורת דרכונים	passport control
ביקש	apply for, petition, request (v.)
ביקש חסות	seek asylum, or refuge (v.)
בקבוק מולוטוב	gasoline bomb, Molotov cocktail
בקעת הירדן	Jordan Valley
בקרה פנימית	internal control
בקרת איכות	quality control
בקרת אש	fire control
בקרת ייצור	production control
בקשה	application, request
בקשר ל . . .	with reference to
בקשת הסגרה	request for extradition
בר ביקוע	fissionable
בר ניווט	navigable

reliable	בר סמך
redeemable	בר פדייה
payable	בר פרעון
licensed	בר רשות
in force, valid	בר תוקף
primarily	בראש וראשונה
public health	בריאות הציבור
The Escape or Flight	הבריחה
barricade	בריקדה
pact, treaty, covenant	ברית
regional pact	ברית איזורית
Baghdad Pact	ברית בגדאד
defence pact	ברית הגנה
USSR, Soviet Union	ברית המועצות
North Atlantic Treaty	ברית הצפון האטלנטית
Warsaw Pact	ברית וארשה
friendly alliance, treaty of friendship	ברית ידידות
treaty of friendship, commerce and navigation	ברית ידידות, מסחר וספנות
customs union	ברית מכס
tripartite pact	ברית משולשת
military pact or alliance	ברית צבאית
peace treaty	ברית שלום
continuously	ברציפות
in possession of	ברשות
at par	בשווה
in no way	בשום אופן
in no circumstance, in no way	בשום פנים
considering, having regard, in view	בשים אל לב
at a rate	בשיעור
in cooperation	בשיתוף
in respect of	בשל
on behalf, for	בשם
for and on behalf of	בשם ומטעם של . . .
in duplicate	בשני עותקים
bona fide	בתום לבב
by virture of	בתוקף
as such	בתור שכזה
within	בתחום
Druze Religious Courts	בתי הדין הדרוזיים
The Sharaciya Muslim Religious Courts	בתי הדין השרעיים לעדה המוסלמית

Consolidated Refineries Ltd.	בתי זיקוק מאוחדים בע"מ
in cooperation	בתיאום
provided or on condition that	בתנאי ש . . .
resolutely. firmly	בתקיפות

ג

border, frontier	גבול
natural region boundary	גבול איזור טבעי
safety limit	גבול בטיחות
international boundary	גבול בינמדיני
speed limit	גבול מהירות
district boundary	גבול מחוז
common border	גבול משותף
patrol boundary	גבול פטרולים
permanent border	גבול קבע
secure borders	גבולות בטוחים או ביטחון
defensible borders	גבולות בני הגנה
sea borders	גבולות חוף
land borders	גבולות יבשתיים
permanent borders	גבולות קבע
Ammunition Hill	גבעת התחמושת
West Bank	הגדה המערבית
battalion, regiment	גדוד
Labor Corps	גדוד העבודה
Jewish Legion	הגדוד העברי
motorized infantry battalion	גדוד רגלים ממונע
Youth Corps or Gadnaᶜ	גדודי נוער
overpopulated	גדוש אוכלוסים
"Good Fence"	הגדר הטובה
marking fence	גדר סימון
barbed wire fence	גדר תיל
Diaspora, Exile	גולה
political exile	גולה מדיני
reciprocal	גומלין
battery, company, squadron	גונדה
entity	גוף
competent organ	גוף מוסמך
advisory organ	גוף מייעץ
coordinating body	גוף מתאם
subsidiary organ	גוף עזר
supreme organ	גוף עליון

public body	גוף ציבורי
permanent organ	גוף קבע
deterrence factor	גורם הרתעה
basic factor	גורם יסודי
stabilizing factor	גורם מייצב
deterring factor	גורם מרתיע
political factor	גורם פוליטי
military factor	גורם צבאי
determinant, determining factor	גורם קובע
towboat, tugboat	גוררת
Fidelity Block	גוש אמונים
Soviet Block	הגוש הסובייטי
Sterling Bloc	גוש הסטרלינג
party bloc	גוש מפלגתי
tear gas	גז מדמיע
poison gas	גז מרעיל
detonating gas	גז נפץ
human race	הגזע האנושי
racism	גזענות
verdict, decree, decision, sentence	גזר דין
area, sector	גזרה
geopolitics	גיאופוליטיקה
boom, economic prosperity	גיאות כלכלית
nuclear backing	גיבוי גרעיני
national hero	גיבור לאומי
Jihād	ג'יהאד
public hygiene	גיהות הציבור
conscription	גיוס חובה
mobilization	גיוס כוח אדם
general mobilization	גיוס כללי
mobilization of reserves	גיוס מילואים
call up of volunteers	גיוס מתנדבים
industrial mobilization	גיוס תעשייתי
sortie, sudden onslaught	גיחה
air sortie	גיחת אוויר
bombing sortie	גיחת הפצצה
call up, mobilize (v.)	גייס
regiment, army corps	גייס
fifth column	גייס חמישי
shock troops	גייסות הלם
line troops	גייסות לוחמים
storm troops	גייסות סער

reserves, auxiliary troops	גייסות עזר
land troops	גייסות קרקע
armoured corps	גייסות שריון
military age	גיל שירות
declaration	גילוי דעת
unilateral censure or condemnation	גינוי חד צדדי
etiquette	גינוני נימוס
Equatorial Guinea	גיניאה המשוונית
explusion, banishment, deportation	גירוש
free access	גישה חופשית
conciliatory approach	גישה פשרנית
reconnoitring	גישוש
detector	גלאי
global	גלובאלי
en clair	גלוי
manifest	גלוי לעין
captivity, exile, Diaspora	גלות
inspection form	גליון בקרה
bulletin de transit	גליון מעבר
Upper Galilee	הגליל העליון
Lower Galilee	הגליל התחתון
Western Galilee	הגליל המערבי
tactical flexibility	גמישות טקטית
unemployment benefit	גמלת אבטלה
maternity benefit	גמלת אמהות
old-age benefit	גמלת זקנה
invalidity benefit	גמלת נכות
employment injury benefit	גמלת פגיעה בעבודה
survivors' benefit	גמלת שאירים
decide, determine, resolve (v.)	גמר אומר
genocide	ג'נוסייד
national archivist	גנז המדינה
State Archives and Library	גנזך המדינה והספרייה
satellite	גרורה
guerilla	גרילה
text, version	גרסה
core or nucleus of settlement	גרעין התיישבותי
atomic, nuclear	גרעיני
inverted commas, quotation marks	גרשיים
Bailey bridge	גשר ביילי
assault bridge	גשר הסתערות
pontoon bridge	גשר סירות

גשרים פתוחים	open bridges
גשש	reconnointrer

ד

דאגה חמורה	grave concern
דבר המלך במועצה	order-in-council
דברי הכנסת	Proceedings or Records of the Knesset
דברי ערך	valuables
דגל האיחוד	Union Jack
דגל הלאום	national flag
דגל ישראל	Israel flag
דגל שביתת נשק	truce flag
דה–אסקאלציה	de escalation
דה–פקטו	de facto
דה–קולוניציה	decolonization
דו–לאומי	bi–national
דו–לשוני	bilingual
דו–מפלגתי	bi–partisan
דו–משמעי	ambiguous, equivocal
דו–צדדי	bilateral
דו–קיום של שלום או בשלום	peaceful co–existence
דואר אוויר	air mail
דואר דיפלומאטי	diplomatic mail
דואר רשום	registered mail
דוח ביניים	interim report
דוח–הרוב	majority report
דוכסות	duchy, dukedom
דום–דום	dumdum (bullets)
דומיניון	dominion
הדוקטרינה של איזנהאור או דוקטרינת איזנהאור	Eisenhower Doctrine
דיבה	libel
דיבידנד בכורה	preferred dividend
דיבידנד צביר	cumulative dividend
דיביזיה מוטסת	airborne division
דיביזיה ממונעת	motorized division
דיגול נשק	presenting arms
דיווח	report (v.)
דיון אזרחי	civil procedure
דיון אסטרטגי	strategy debate
דיון דחוף	summary procedure or trial
דיון חירום	emergency debate

general discussion, debate or deliberation	דיון כללי
preliminary consideration	דיון מוקדם
reconsideration	דיון מחדש
overall debate	דיון מקיף
summary procedure	דיון מקוצר
further hearing	דיון נוסף
criminal procedure	דיון פלילי
disarmament negotiations	דיוני פירוק נשק
adjournment, postponement	דיחוי
put down, crush a rebellion or revolt (v.)	דיכא את המרד
suppression of traffic in persons	דיכוי סחר בבני אדם
force reduction or thinning	דילול כוחות
peoples' democracy	דימוקרטיה עממית
most–favored–nation treatment	דין–אומה–מועדפת
both texts being equally authentic	דין מקור שווה לשני הנוסחים
disciplinary trial	דין משמעתי
shall be treated	דינו/ן
equity	דיני יושר
penal law	דיני עונשין
immigration and registration laws	דיני עלייה ומרשם
diplomatic	דיפלומאטי
open diplomacy	דיפלומאטיה גלוייה
dictatorship	דיקטאטורה
doyen (of diplomatic corps)	דיקאן
administrative classification or grading	דירוג מנהלי
depletion of reserves	דלדול רזרבות
sparseness of population	דלילות אוכלוסיה
abovementioned, foregoing	דלעיל
atomic fuel	דלק אטומי
crude oil	דלק גולמי
inspection fee	דמי בדיקה
excise taxes	דמי בלו
return fees	דמי החזרה
royalties	דמי מילוג
customs duties	דמי מכס
damages	דמי נזק
commission fees	דמי עמילות
license fees	דמי רשיונות
dumping	דמפינג
Damascus	דמשק
public opinion	דעת הקהל
minority opinion	דעת מיעוט

[25]

investment patterns	דפוסי השקעה
defensive	דפנסיבי
registrar	דפתרן
decentralization	דצנטרליזציה
military rank	דרגה צבאית
honorary rank	דרגת כבוד
South Africa	דרום אפריקה
Southeast Asia	דרום–מזרח–אסיה
marking time	דריכה במקום
démarche	דרישה
Via Dolorosa	דרך הייסורים
by–pass	דרך עוקפת
tension	דריכות
valid passport	דרכון בר–תוקף
diplomatic passport	דרכון דיפלומאטי
regular passport	דרכון רגיל
service passport	דרכון שירות
peaceful means	דרכי שלום
ways and means	דרכים ואמצעים

ה

interception	האזנה
wiretapping, secret listening–in	האזנת סתר
standardize (v.)	האחיד
slowing down	האטה
accreditation	האמנה
blackout	האפלה
extend validity (v.)	האריך תוקף
accusation	האשמה
the following	הבא
clarify a position (v.)	הבהיר עמדה
strafing	הבזקה
mutual promise	הבטחה הדדית
defeat (v.)	הביס
self restraint	הבלגה
merger	הבלע
mutual understanding	הבנה הדדית
expression of confidence	הבעת אמון
smuggling	הברחה
illegal crossing of border, border jumping	הברחת גבול
smuggling, running contraband	הברחת מכס

gunrunning, smuggling of arms	הברחת נשק
import restrictions	הגבלות יבוא
export limitations	הגבלות יצוא
unnecessary restrictions	הגבלות מיותרות
restriction of entry	הגבלת כניסה
self determination	הגדרה עצמית
legislative definition	הגדרה תחיקתית
mass migration	הגירה המונית
voluntary migration	הגירה מרצון
selective immigration	הגירה סלקטיבית
appeal (v.)	הגיש ערעור
arbitrary exile or banishment	הגלייה שרירותית
hegemony	הגמוניה
Haganah, defense, protection	הגנה
air defense	הגנה אווירית
defense in depth	הגנה בעומק
tactical defense	הגנה טקטית
deliberate defense	הגנה יזומה
area or territorial defense	הגנה מרחבית
anti aircraft defense	הגנה נגד מטוסים
mobile protection	הגנה ניידת
copyright protection	הגנה על זכויות המחבר
self–defense	הגנה עצמית
protection of flora	הגנת הצומח
wildlife protection	הגנת חיית הבר
abandoned property protection	הגנת רכוש מופקר
Zionist fulfillment or realization	הגשמה ציונית
submission of claims	הגשת תביעות
contagion, infection	הדבקה
suppression	הדברה
mutuality, reciprocity	הדדיות
displacement	הדחק
leakage (of information)	הדלפה
repel an attack (v.)	הדף התקפה
whereas	הואיל ו . . .
reasonable	הוגן
fair and equitable	הוגן וצודק
His Majesty	הוד מלכותו
His Excellency	הוד מעלתו
His Holiness or His Reverence	הוד קדושתו
His Highness	הוד רוממותו
admission, confession	הודאה

India	הודו
Indochina	הודו–סין
written notification or communication	הודעה בכתב
belligerent announcement	הודעה לוחמנית
promised announcement	הודעה מובטחת
summary notification	הודעה מסכמת
official communique	הודעה רשמית
distress message	הודעה של מצוק
appropriate, adequate	הולם
Netherlands	הולנד
humanitarian	הומניטרי
foreign capital	הון זר
operating or working capital	הון חוזר
issued capital	הון מונפק
declared or stated capital	הון מוצהר
authorized capital	הון מורשה
capital stock or share capital	הון מניות
common stock	הון משותף
liquid assets	הון נזיל
paid–up capital	הון נפרע
equity capital	הון עצמי
registered capital	הון רשום
duly authorized	הוסמך כהלכה
publishing	הוצאה לאור
alienation	הוצאה מרשות
incidental expenses	הוצאות אקראי
execution expenses	הוצאות ביצוע
maintenance expenses or expenditures	הוצאות החזקה
administrative expenses	הוצאות מנהל
court costs	הוצאות משפט
denounce (v.)	הוקיע
self–respect	הוקרה עצמית
general provision	הוראה כללית
special provision	הוראה מיוחדת
procedural provision	הוראה פרוצדורלית
final provisions	הוראות אחרונות
security provisions	הוראות ביטחון
emergency provisions	הוראות חירום
ancillary provisions	הוראות לוואי
penal provisions	הוראות עונשין
miscellaneous provisions	הוראות שונות
statutory provision	הוראת חוק

basic provision	הוראת יסוד
transitional provision	הוראת מעבר
final provision	הוראת סיום
permanent provision	הוראת קבע
temporary order or provisional measure	הוראת שעה
instruct (v.)	הורה
duly authorize (v.)	הורשה כהלכה
placement	הושבה
identification	הזדהות
summons	הזמנה לדין
writ	הזמנת בית דין
tenure	החזקה
adverse possession	החזקה מנוגדת
return fire	החזר אש
surrender	החזרה
render liable (v.)	החיב
give effect (v.)	החיל
lend lease	החכר והשאל
provisional application	החלה זמנית
parliamentary decision	החלטה פרלמנטרית
definitive	החלטי
condemnation resolution	החלטת גינוי
Khartum resolution	החלטת חארטום
unanimous decision	החלטת פה אחד
exchange views (v.)	החליף דעות
prisoner exchange	החלפת שבויים
worsening, aggravation	החמרה
confiscate (v.), boycott	החרים
land confiscation	החרמת קרקעות
aggravating situation	החרפת המצב
diversion	הטייה
terrorize (v.)	הטיל אימה
impose a curfew (v.)	הטיל עוצר
impose sanctions (v.)	הטיל עונשין
tactical airlift	הטסה מבצעית
harassment, molestation, annoyance	הטרדה
temporary settlement	היאחזות ארעי
security settlement	היאחזות ביטחון
rapprochement, reconciliation	הידברות
capitalization	היוון
resorting to	היזקקות
levy, duties	היטל

balancing charge	היטל איזון
security charge or levy	היטל ביטחון
surcharge	היטל יתר
transit charge	היטל מעבר
absorption levy	היטל קליטה
just and reasonable charges	היטלים צודקים ומתקבלים על הדעת
airlift	היטס
air alert	היכון אווירי
legal tender	הילך חוקי
abstention from voting	הימנעות מהצבעה
tax avoidance	הימנעות ממס
endorsement	היסב
absenteeism	היעדרות
positive response	היענות חיובית
military deployment or disposition	היערכות לקרב
dumping	היצף
encounter	היתקלות
exchange permit	היתר המרה
exit permit	היתר יציאה
residence permit	היתר ישיבה
work permit	היתר עבודה
as the context requires	הכול לפי ההקשר
as the case may be	הכול לפי העניין
recognize (v.)	הכיר
national income	הכנסה לאומית
war risk levy income	הכנסות ארנונה
capital income	הכנסות קרן
international recognition	הכרה בינלאומית
recognition de jure	הכרה דה יורה
proclamation, public announcement, declaration	הכרזה
universal declaration	הכרזה עולמית
Balfour Declaration	הכרזת בלפור
Declaration of Independence	הכרזת העצמאות
declaration of war	הכרזת מלחמה
urgent necssity	הכרח דחוף
declare war (v.)	הכריז מלחמה
proclaim a curfew (v.)	הכריז עוצר
proclaim independence (v.)	הכריז על עצמאות
declare officially (v.)	הכריז רשמית
court decision	הכרעת בית-דין
qualification, validation	הכשר
security clearance	הכשר בטחוני

הכשרה חלוצית	pioneer training
הלאמה	nationalization
הלוואה קצרת מועד	short term loan
הלוואת יצוא	export loan
הלוואת פיתוח	development loan
הלווציה	Switzerland
הליכי הסגרה	extradition proceedings
הליכים משפטיים	legal proceedings
המנון לאומי	national anthem
המראה	take–off (plane)
המריץ	promote (v.)
המתה	homicide
הנהלת ההסתדרות הציונית העולמית	Executive of the World Zionist Organization
הנהלת חשבונות תקציבית	budgetary accounting
הנחה	presumption, concession
הנחה משלימה	supplementary concession
הנחייה	directive
הנחיל ניצחון	confer victory (v.)
הנחלת הלשון	language instruction
הנחת מוקשים	minelaying
הניח דעת	satisfy (v.)
הניח מראש	presume (v.)
הניח על השולחן	table (a motion) (v.)
הנפקה	issue (of currency), emission
הנפת דגל	raising of flag
הסבה	endorsement
הסבר רשמי	official explanation
הסברה	information, propaganda
הסגיר	extradite (v.)
הסגר	blockade, embargo, quarantine
הסגר בעלי חיים	animal quarantine
הסגר ימי	sea blockade
הסגר תברואי	quarantine
הסגת גבול	encroachment
הסדר ביניים	interim agreement
הסדר גומלין	reciprocal agreement
הסדר דגנים	grains arrangement
הסדר הסגרה	extradition arrangement
הסדר זיין	armaments regulation
הסדר זמני	modus vivendi
הסדר חלקי	partial arrangement

territorial arrangement	הסדר טריטוריאלי
general arrangement or settlement	הסדר כללי או כולל
forced or imposed arrangement	הסדר כפוי
political arrangement	הסדר מדיני
agreed upon arrangement	הסדר מוסכם
regional price arrangement	הסדר מחיר איזורי
final solution	הסדר סופי
military arrangement	הסדר צבאי
public order	הסדר ציבורי
permanent arrangement	הסדר קבע
existing arrangement	הסדר קיים
peaceful settlement	הסדר שלום
payments and accounting agreement	הסדר תשלומים וחישוב
camouflage, disguise, concealment	הסוואה
diversion	הסחה
agree with reservations or conditionally (v.)	הסכים בהסתייגות
convention, pact, concordat	הסכם
standard agreement	הסכם אחיד
agreement relating to visas	הסכם בדבר אשרות
Agricultural Commodities Agreement	הסכם בדבר מצרכים חקלאיים
Agreement relating to Reciprocal Exemption	הסכם בדבר פטור גומלין
interim or temporary agreement, modus vivendi	הסכם–ביניים
international agreement	הסכם בינלאומי
Geneva Convention	הסכם ג'נבה
bilateral agreement	הסכם דו–צדדי
defense pact or agreement	הסכם הגנה
International Wheat Agreement	הסכם החיטים הבינלאומי
extradition agreement	הסכם הסגרה
separation agreement	הסכם הפרדה
basic agreement	הסכם יסוד
general accord, or agreement	הסכם כללי או כולל
General Agreement on Tariffs and Trade	הסכם כללי על תעריפים ומסחר
capitulation, surrender agreement	הסכם כניעה
model agreement	הסכם לדוגמה
accompanying or supplementary agreement	הסכם לוואי
technical cooperation agreement	הסכם לשיתוף פעולה טכני
operational agreement	הסכם מבצע
monetary agreement	הסכם מטבע
special agreement	הסכם מיוחד
supplemental agreement	הסכם מילואים
commercial or trade agreement	הסכם מסחרי

specific agreement	הסכם מפורש
agricultural commodities agreement	הסכם מצרכים חקלאיים
subsidiary agreement	הסכם משנה
trade and payments agreement	הסכם סחר ותשלומים
Sykes–Picot Agreement	הסכם סיקס–פיקו
Faisal–Weizmann Agreement	הסכם פיצל–ויצמן
compromise agreement	הסכם פשרה
collective agreement	הסכם קיבוצי
clearing agreement	הסכם קלירינג
multilateral agreement	הסכם רב–צדדי
armistice agreement	הסכם שביתת נשק
reparations agreement	הסכם שילומים
agreement for cooperation	הסכם שיתוף
non-aggression pact	הסכם של אי התקפה
project agreement	הסכם תוכנית
cultural agreement	הסכם תרבות
payments agreement	הסכם תשלומים
common or mutual consent or agreement	הסכמה הדדית
tacit consent	הסכמה שבשתיקה
escalation	הסלמה
authorize (v.), accredit	הסמיך
kill probability	הסתברות השמדה
adjustment	הסתגלות
The Histadrut (Workers' Organization)	הסתדרות העובדים
World Zionist Organization	ההסתדרות הציונית העולמית
Hadassah Medical Organization	הסתדרות מדיצינית "הדסה"
WIZO — Women's International Zionist Organization	הסתדרות עולמית לנשים ציוניות — ויצו
incitement, sedition	הסתה
racial incitement	הסתה גזעית
religious incitement	הסתה דתית
reservation	הסתייגות
denunciation, withdrawal	הסתלקות
compulsory withdrawal	הסתלקות מאונס
voluntary withdrawal	הסתלקות מרצון
refer to . . . (v.)	הסתמך על
infiltration	הסתננות
assault	הסתערות
legal assignment	העברה לפי החוק
equitable assignment	העברה שביושר
capital transfer	העברת הון
delegation or transfer of powers	העברת סמכויות

accuse falsely (v.)	העליל
prosecution	העמדה לדין
grant (v.)	העניק
illegal immigration	העפלה
reappraisal	הערכה מחדש
deployment	הערכות
explanatory note	הערת הסבר
verified copy	העתק מאומת
certified copy	העתק מאושר
authentic or authoritative copy	העתק מוסמך
bombardment, shelling	הפגזה
diversionary shelling	הפגזת הסחה
mass demonstration	הפגנה המונית
street demonstrations	הפגנות רחוב
demonstration of strength, show of force	הפגנת כוח
detente, easing of tension	הפגת מתיחות
ceasefire, truce	הפוגה
reduction of capital	הפחתת הון
devaluation	הפחתת ערך
discharge	הפטר
military coup or revolt	הפיכה צבאית
counter revolution or coup	הפיכת נגד
coup d'état	הפיכת שלטון
break or violate a treaty (v.)	הפיר ברית
break a strike (v.)	הפיר שביתה
discriminate against (v.)	הפלה לרעה
racial discrimination	הפלייה גזעית
communal discrimination	הפלייה עדתית
call attention (v.)	הפנה את הדעת
loss of shares	הפסד מניות
appeasement	הפסה
ceasefire, cessation of fire	הפסקת אש
discontinuance of privileges	הפסקת זכויות
give effect (v.)	הפעיל
bombard (v.)	הפציץ
air raid	הפצצה מן האוויר או אווירית
nuisance bombing or bombardment	הפצצת הטרדה
dive bombing	הפצצת צלילה
deposit of payments	הפקדת תשלומים
deposit a document (v.)	הפקיד מסמך
commandeer (v.)	הפקיע
expropriation of shares	הפקעת מניות

land expropriation or requisitioning	הפקעת קרקע
expropriation of property	הפקעת רכוש
divide and rule, divide et impera	הפרד ומשול
Apartheid	הפרדת גזעים
secularization	הפרדת הדת
separation of forces, disengagement	הפרדת כוחות
division or separation of powers	הפרדת סמכויות
gross breach	הפרה גסה
complete breach	הפרה מוחלטת
anticipatory breach	הפרה מוקדמת
interference	הפרעה
violation of convention	הפרת אמנה
breach of agreement	הפרת הסכם
breach or violation of treaty	הפרת חוזה
infringement of the law	הפרת חוק
breach of discipline	הפרת משמעת
breach of the peace	הפרת סדר
breach or violation of peace	הפרת שלום
detente	הפשרה
thawing of crisis	הפשרת משבר
secret ballot	הצבעה חשאית
vote of no confidence	הצבעת אי-אמון
vote of censure	הצבעת נזיפה
capital accumulation	הצבר הון
innocent representation	הצגה בתום לב
malicious representation	הצגה זדונית
military salute	הצדעה
declare by notification (v.)	הצהיר בהודעה
universal declaration of human rights	הצהרה אוניברסאלית לזכויות האדם
crew's effects declaration	הצהרה בדבר חפצי הצוות
ship's store declaration	הצהרה בדבר צידת האונייה
written statement	הצהרה בכתב
sworn declaration	הצהרה בשבועה
unilateral declaration	הצהרה חד-צדדית
political declaration	הצהרה מדינית
joint declaration	הצהרה משותפת
appendix declaration	הצהרה נספחת
public declaration	הצהרה פומבית
existing declaration	הצהרה קיימת
declaration of allegiance	הצהרת אמונים
Balfour Declaration	הצהרת בלפור

[35]

maritime declaration of health	הצהרת בריאות ימית
Proclamation of Independence	הצהרת העצמאות
Declaration of Human Rights	הצהרת זכויות האדם
policy statement or declaration	הצהרת מדיניות
protest declaration	הצהרת מחאה
cargo declaration	הצהרת מטען
customs declaration	הצהרת מכס
declaration of principles	הצהרת עקרונות
compromise declaration	הצהרת פשרה
accede to (v.)	הצטרף אל
accession, adherence	הצטרפות
accession to arrangement or settlement	הצטרפות להסדר
present a government (v.)	הציג ממשלה
tying to the cost of living	הצמדה ליוקר המחייה
parachuting	הצנחה
motion, proposal	הצעה
motion for the agenda	הצעה לסדר היום
motion of no confidence	הצעת אי–אמון
draft resolution	הצעת החלטה
bill	הצעת חוק
partition plan	הצעת חלוקה
counterproposal	הצעת נגד
censure motion	הצעת נזיפה
budget estimate	הצעת תקציב
coding, enciphering	הצפנה
dumping	הצפת שוק
preamble	הקדמה
religious trust or endowment	הקדש
facilitate (v.)	הקיל
set up, appoint, establish a committee (v.)	הקים ועדה
establish and maintain (v.)	הקים וקיים
establish relations (v.)	הקים יחסים
marginal relief	הקלה שולית
allocation, allotment	הקצאה
allocate, allot (v.)	הקציב
Temple Mount	הר הבית
Mt. Herzl	הר הרצל
Mount Memorial	הר הזיכרון
Mount of Olives	הר הזיתים
Mount of Contempt	הר המשחית
Mount Scopus	הר הצופים
Mount Zion, Dormition	הר ציון

[36]

appeasement, pacification	הרגעה
martyrs	הרוגי מלכות
political composition	הרכב פוליטי
form a government (v.)	הרכיב ממשלה
hauling down the flag	הרכנת הדגל
mutual assured destruction (MAD)	הרס מובטח הדדי
worsening	הרעה
détente	הרפיית מתיחות
export authorization	הרשאת יצוא
discourage, deter (v.)	הרתיע
atomic deterrence	הרתעה גרעינית
repatriation	השבה למולדת
satisfy (v.)	השביע רצון
trespass	השגת גבול
strategic projection	השלכה איסטרטגית
international projection	השלכה בינלאומית
acquiescence	השלמה
extermination	השמדה
total kill	השמדה כוללת
fire kill	השמדת כוח האש
genocide	השמדת עם
slander	השמצה
suspension	השעייה (מתפקיד)
gross investment	השקעה גולמית
capital investments	השקעות הון
take command or control of (v.)	השתלט
tax evasion	השתמטות ממס
variability	השתנות
equitable estoppel	השתק שביושר
voluntary participation	השתתפות מרצון
Association of Americans and Canadians in Israel	התאחדות עולי אמריקה וקנדה בישראל
civil defense	התגוננות אזרחית
callup, mobilization	התגייסות
provocation	התגרות
international obligation	התחייבות בינלאומית
firm committment or obligation	התחייבות יציבה
moral committment or liability	התחייבות מוסרית
contingent liability	התחייבות על תנאי
incipient	התחלי
entrenchment	התחפרות
consider (v.)	התחשב

due consideration	התחשבות ראויה
refer to (v.)	התייחס אל
preliminary consultation	התייעצות מוקדמת
regional settlement	התיישבות איזורית
agricultural settlement	התיישבות חקלאית
renewed settlement	התיישבות מחודשת
suspend (v.)	התלה
suspension	התלייה (של פסק)
suspension of membership	התליית חברות
flareup	התלקחות
competition, rivalry	התמודדות
decisive competition	התמודדות מכרעת
westernization	התמערבות
place oneself (v.)	התמקם
passive resistance	התנגדות פסיבית
bloody encounter, collision or clash	התנגשות דמים
jurisdictional conflict	התנגשות סמכויות
military clash or collision	התנגשות צבאית
stipulate (v.)	התנה
settlement on land	התנחלות
permanent settling (on land)	התנחלות קבע
plot, conspire, intrigue (v.)	התנכל
assassination	התנקשות
military interference or intervention	התערבות צבאית
premature explosion	התפוצצות מוקדמת
appeasement, reconciliation	התפייסות
deployment of forces	התפרסות כוחות
disturbance, riot	התפרעות
outbreak	התפרצות
expansion	התפשטות
compromising	התפשרות
mutiny, rebellion, uprising	התקוממות
victimization	התקלסות
alarm apparatus or device	התקן אזעקה
transmission apparatus or mechanism	התקן תמסורת
air attack	התקפה אווירית או התקפת אוויר
frontal attack	התקפה חזיתית
deliberate attack	התקפה יזומה
armed aggression or attack	התקפה מזויינת
preemptive strike	התקפה מקדימה
coordinated attack	התקפה מתואמת
converging attack	התקפה צמתנית

air attack	התקפת אוויר
enemy attack or assault	התקפת אויב
lightning attack	התקפת בזק
retaliatory raid	התקפת גמול
nuisance raid	התקפת הטרדה
tank attack	התקפת טנקים
preventive attack	התקפת מנע
frontal attack	התקפת מצח
counterattack	התקפת נגד
surprise attack	התקפת פתע
early warning	התראה מוקדמת
monetary expansion	התרחבות מוניטרית
attrition	התשה

ו

veto	ואטו, וטו
currency, foreign exchange	ואלוטה
Waqf	ואקף
Holy See, Vatican	ואתיקאן
provided that	ובלבד ש . . .
Wahhabi	והאבי
South Vietnam	ווייטנאם הדרומית
Upper Volta	וולטה עילית
ascertain, validate, certify (v.)	וידא
regulate (v.)	ויסת
cession, surrender, renunciation, concession, waiver	ויתור
territorial surrender	ויתור טריטוריאלי
political surrender	ויתור מדיני
relinquish or surrender of rights	ויתור על זכויות
renunciation of war	ויתור על מלחמה
renounce nationality (v.)	ויתר על אזרחות
abdicate (king)	ויתר על כסא המלוכה
Rescue Committee	ועד ההצלה
American Jewish Committee	הוועד היהודי האמריקני
Israel National Commission for UNESCO	הוועד הישראלי לאונסקו
National Council of Palestine Jews	הוועד הלאומי ליהודי ארץ ישראל
Greater Actions Committee	הוועד הפועל הגדול
Inner Actions Committee	הוועד הפועל המצומצם
Zionist Executive Committee	הוועד הפועל הציוני
Committee of Delegates	ועד הצירים
rescue committee	ועד הצלה

provisional committee	ועד זמני
Committee for the Liberation of Soviet Jewry	הוועד לשחרור יהודי ברית המועצות
coordinating committee	ועד מתאם
Board of Deputies of British Jews	ועד שליחי הקהילות היהודיות
Interdepartmental Committee for International Aid	הוועדה הבינמשרדית לסיוע בינלאומי
Israel National Committee for Space Research	הוועדה הלאומית לחקר החלל
Israel Atomic Energy Commission	הוועדה לאנרגיה גרעינית
Committee to Examine the Desecration of Cemeteries on Mt. of Olives and in Hebron	הוועדה לבדיקת חילול בתי העלמין בהר הזיתים ובחברון
Price Review Committee	הוועדה לבדיקת מחירים
Human Rights Committee	הוועדה לזכויות האדם
Coordinating Commission for Government Operations in the Administered Territories	הוועדה לתיאום פעולה בשטחים המוחזקים
political committee	ועדה מדינית
special committee	ועדה מיוחדת
advisory committee	ועדה מייעצת
Royal Commission	ועדה מלכותית
mixed commission or committee	ועדה מעורבת
joint committee	ועדה משותפת
permanent committee	ועדה מתמדת או קבועה
military committee	ועדה צבאית
Advisory Committees on Muslim Religious Affairs	הוועדות המייעצות לעניינים הדתיים של המוסלמים
ad-hoc committee	ועדת אד-הוק
Committee on Zones	ועדת איזורים
Maritime Safety Committee	ועדת בטיחות ימית
control board	ועדת ביקורת
Appropriations Committee	ועדת ההקצבות
Defence and Foreign Affairs Committee	ועדת חוץ והביטחון
Constitution, Law and Justice Committee	ועדת החוקה, חוק ומשפט
Education and Culture Committee	ועדת החינוך והתרבות
Armed Forces Committee	ועדת הכוחות המזויינים
Committee on the Wailing Wall	ועדת הכותל
Economics Committee	ועדת הכלכלה
House Committee	ועדת הכנסת
Finance Committee	ועדת הכספים
Committee of the Whole	ועדת המליאה
Permanent Mandates Committee	ועדת המנדטים המתמדת

ועדת		זיכיון

ועדת המצב	Emergency Committee
ועדת העבודה	Labour Committee
ועדת העלייה והקליטה	Immigration and Absorption Committee
ועדת הפנים	Interior or Internal Affairs Committee
ועדת השירותים הציבוריים	Public Services Committee
ועדת השמות הממשלתיים	Government Names Committee
ועדת השקעות	investment committee
ועדת חוץ וביטחון	Foreign Affairs and Security Committee
ועדת חנינה	amnesty or pardon committee
ועדת חקיקה	legislative committee
ועדת חקירה	commission or board of inquiry
ועדת ייעוץ	advisory committee
ועדת מינויים	nominations committee
ועדת משנה	subcommittee
ועדת ניסוח	drafting committee
ועדת סדר היום	steering committee
ועדת עבודה	labor committee
ועדת ערר או ערעורים	appeals committee
ועדת פיוס או פשרה	conciliation commission
ועדת פיקוח	control or supervisory committee
ועדת פירוק הנשק	disarmament committee
ועדת קבע	standing committee
ועדת קבע מעורבת	permanent mixed commission
ועדת שביתת נשק מעורבת	Mixed Armistice Commission
ועדת תיאום	co–ordinating committee
ועידה מנהלית	administrative conference
ועידת בנדונג	Bandung Conference
ועידת חארטום	Khartum Conference
ועידת פסגה	summit conference
ועידת צירים מוסמכים	plenipotentiary conference
ועידת שלום	peace conference
ועידת שולחן עגול	round–table conference
ותיק הגנה	Haganah Veteran

ז

זהות לאומית	national identiy
זולת אם	unless
זחלם	armored truck
זיהוי	identification
זיכה	acquit, discharge (v.)
זיכיון	charter, concession

זיקוק איתות	pyrotechnic signal
זיקוק מצנח	parachute signal
זירה בינלאומית	international arena
הזירה הערבית	Arab arena
זירה מדינית	political arena
זירת מלחמה	theater of war
זירת קרבות	theater of operations
זכאי ל . . .	entitled to . . .
זכויות אדם	human rights
זכויות אזרח	civil rights
זכויות גומלין	mutual rights
זכויות יסוד	fundamental rights
זכויות יתר	privileges
זכויות צד לוחם	belligerent rights
זכויות שביושר	equitable rights
זכות אומה מועדפת ביותר	most favored nation treatment
זכות בחירה	voting right, suffrage, franchise
זכות ביצוע	performing right
זכות בכורה	precedence, priority
זכות בעלות	right of ownership
זכות גומלין	reciprocity
זכות היסטורית	historical right
זכות העתקה	copyright
זכות הצבעה	right to vote
זכות השבה	restitution right
זכות וטו	veto right
זכות חזקה	possessory or vested title
זכות יוצרים	copyright
זכות ייחודית	exclusive right, monopoly
זכות יתר	privilege
זכות כניסה	entrance permit
זכות מגורים	domicile permit
זכות מוסרית	droit moral
זכות מוקנית	vested interest
זכות מנוגדת	adverse title
זכות מעבר	transit right
זכות עדיפות	priority
זכות קדימה	precedence
זכות קיום	right to exist
זכות קניין	title (to property)
זכות ריבונית	sovereign right
זכות שביתה	right to strike

זכות שימוש	right of use
זכיון החולה	Hulah concession
זכיון ים המלח	Dead Sea concession
זכרון דברים	note verbale, memorandum, minutes
זכרון דברים מוסכם	agreed minutes
זכרון השואה והגבורה	Holocaust and Heroism Memorial
זמם	plot (v.)
זמן בלתי מוגבל	unlimited duration
זמן קיום	duration
זמני	provisional
זקיפות נאותות	appropriate charges
זקן הסגל (הדיפלומאטי)	doyen or dean of the diplomatic corps
זר שאינו תושב	non–resident alien
זרוע מבצעת	executive arm
זרועות ביטחון	security forces
זרים	aliens
זרם העלייה	flow of immigration
זרם מצרכים	commodity flow

ח

חב	incur liability (v.), owe
חבורת חבלנים	demolition party
חבורת פשיטה	raiding party
חבות	liability, indebtedness
חבילת דואר	postal parcel
החבל הימי לישראל	Israel Maritime League (IML)
חבלה	sabotage, injury
חבלן	saboteur, expert in demolition
חבר הכנסת	Member of the Knesset (M.K.)
חבר הלאומים	League of Nations
חבר העמים הבריטי	British Commonwealth of Nations
החבר הערבי	Arab League
חבר יועצים	advisory panel
חבר מושבעים	jury
חבר עובדים דיפלומאטי	diplomatic staff
חבר משנה	associate member
חבר נאמנים	board of trustees
חבר נלווה או לווי	associate member
חבר עובדי נציגות	mission staff members
חבר עובדים מנהלי	members of administrative staff

company, corporation, society	חברה
holding company or parent company	חברה אם או חברת אם
limited liability company (Ltd.)	חברה בערבון מוגבל (בע"מ)
subsidiary company	חברה בת או חברת בת
American Financial and Development Corporation for Israel	החברה האמריקנית לענייני כספים ופיתוח למען ישראל
Israel Foreign Trade Risks Insurance Corporation Ltd.	החברה הישראלית לביטוח סיכוני סחר חוץ
Israel Association for the United Nations	החברה הישראלית למען האומות המאוחדות
Israel Oriental Society	החברה המזרחית הישראלית
Government Tourist Development Corporation	החברה לפיתוח מפעלי תיירות
Israel Exploration Society	החברה לחקירת ארץ ישראל ועתיקותיה
affiliated company	חברה שלובה
controlling company	חברה שלטת
membership	חברות
insurance company	חברת ביטוח
Palestine Land Development Company Ltd.	חברת הכשרת היישוב בארץ ישראל בע"מ
foreign company	חברת חוץ
stock company	חברת מניות
reparations company	חברת שילומים
affluent society	חברת שפע
airline	חברת תעופה
Ethiopia	חבש
safety belt	חגורת ביטחון
unequivocal	חדמשמעי
unilateral	חד צדדי
economic penetration	חדירה כלכלית
public debt	חוב ציבורי
Lovers of Zion	חובבי ציון
civic duty or obligation	חובה אזרחית
burden of adducing evidence	חובת ההוכחה
burden of proof or of establishing proof	חובת הראייה
compulsory burden, ipso facto	חובת ממילא
authoritative quarters or circles	חוגים מוסמכים
diplomatic circles	חוגים דיפלומאטיים
opinion	חוות דעת
bilateral pact	חוזה דו צדדי

defense pact	חוזה הגנה
preference agreement	חוזה העדפה
commercial contract	חוזה מסחרי
collateral contract	חוזה נספח
collective agreement	חוזה קולקטיבי
terrorist squad	חוליית חבלנים או מחבלים
intelligence ring	חוליית מודיעין
commando unit or squad	חוליית קומנדו
spy ring	חוליית ריגול
listening relay unit	חוליית תשמוע
demolition material	חומר חבלה
seriousness	חומרה
raw materials	חומרי גלם
explosives, explosive material	חומרי נפץ
high explosives	חומרי נפץ מרסקים
blockade	חומת הסגר
Chinese Wall	חומת סין
maladjustment	חוסר התאמה
unemployment	חוסר עבודה
Gold Coast	חוף הזהב
Ivory Coast	חוף השנהב
protected coast	חוף מוגן
landing shore	חוף נחיתה
freedom of speech	חופש דיבור
freedom of fishing	חופש דייג
freedom of belief	חופש האמונה
freedom of expression and association	חופש הביטוי וההתאגדות
freedom of religion and conscience	חופש הדת והמצפון
freedom of assembly	חופש ההתכנסות
freedom of the seas	חופש הימים
freedom of navigation	חופש המעבר בים
freedom of navigation	חופש השייט
freedom of movement	חופש התנועה
freedom of transit	חופש המעבר
civil law	חוק אזרחי
National Insurance Law	חוק ביטוח לאומי
international law	חוק בינלאומי
statute of monopolies	חוק המונופולין
Law of Return	חוק השבות
military penal code	חוק השיפוט הצבאי
National Education Law	חוק חינוך ממלכתי

basic or fundamental law	חוק יסוד
right of entry	חוק כניסה
mutual security act	חוק לביטחון הדדי
security loan law	חוק מלווה ביטחון
transition law	חוק מעבר
common law	חוק מקובל
absentee property law	חוק נכסי נפקדים
by–law	חוק עזר
control act	חוק פיקוח
criminal law	חוק פלילי
martial law	חוק צבאי
National Service Law	חוק שירות לאומי
Economic Cooperation Act	חוק שיתוף כלכלי
constitution, statute, charter	חוקה
immigration laws	חוקי הגירה
emergency laws	חוקי חירום
budgetary legislation	חוקי תקציב
legality	חוקיות
seal, stamp	חותמת
vision of redemption	חזון גאולה
national front	חזית לאומית
Democratic Popular Front for the Liberation of Palestine	החזית העממית הדימוקרטית לשחרור פלסטין
Popular Front for the Liberation of Palestine	החזית העממית לשחרור פלסטין
life jacket	חזית הצלה
Palestine National Liberation Front	חזית השחרור הלאומי הפלסטינית
Arab Liberation Front	חזית השחרור הערבית
canal front	חזית התעלה
economic front	חזית כלכלית
revolutionary front	חזית מהפכנית
popular front	חזית עממית
national liberation front	חזית שחרור לאומית
conclusive presumption	חזקה חלוטה
presumtio legis	חזקה שבחוק
presumptio facti	חזקה שבעובדה
reaffirm (v.)	חזר ואישר
brigade, division, unit	חטיבה
Jewish Fighting Brigade	חטיבה יהודית לוחמת
parachute brigade	חטיבה מוצנחת
paratroop brigade	חטיבת צנחנים

abduction	חטיפת אדם
Hibat Tsiyon, Love of Zion	חיבת ציון
Hijaz	חיג׳אז
Tigris	חידקל
commitment, obligation	חיוב
conviction	חיוב בדין
operational viability	חיות מבצעית
conscript	חייל חובה
reservist	חייל מילואים
regular	חייל קבע
mercenary	חייל שכיר
mechanized arms	חיילות ממוכנים
peaceful co–existence	חיים בצוותא בשלום
corps	חיל, קורפוס
air force	חיל אוויר
supply and transportation corps	חיל אספקה ותובלה
quartermaster corps	חיל אפסנאות
Royal Air Force	חיל האוויר המלכותי
naval force, navy	חיל הים
engineering corps	חיל הנדסה
border or frontier force	חיל הספר
ordnance corps	חיל חימוש
emergency force	חיל חירום
intelligence corps	חיל מודיעין
reserves, reserve forces or corps	חיל מילואים
garrison force	חיל מצב
expeditionary force	חיל משלוח
military police corps	חיל משטרה צבאית
home guard	חיל משמר
Marine Corps	חיל נחיתה
frontier force	חיל ספר
auxiliary corps	חיל עזר
paratrooper corps	חיל צנחנים
ordnance corps	חיל ציוד וחימוש
signal and electronics corps	חיל קשר ואלקטרוניקה
motorized infantry	חיל רגלי ממונע
armored infantry	חיל רגלי משוריין
medical corps	חיל רפואה
army of liberation	חיל שחרור
armored corps	חיל שריון
artillery corps	חיל תותחנים
air force	חיל תעופה

forfeiture (of shares), foreclosure	חילוטים
sacrilege	חילול הקודש
exchange of letters or notes, correspondence	חילוף איגרות
population exchange	חילופי אוכלוסייה או אוכלוסין
exchange of fire	חילופי אש
change of personnel	חילופי גברי
reciprocal exchanges	חילופי גומלין
exchange of shots	חילופי יריות
prisoner exchanges	חילופי שבויים
territorial exchanges	חילופי שטחים
disagreement, differences of opinion	חילוקי דעות
atomic armament	חימוש אטומי
compulsory education	חינוך חובה
inaugurate (v.)	חינך
liquidation	חיסול
air cover	חיפוי אווירי
artillery cover	חיפוי ארטילרי
fire cover	חיפוי אש
Mandatory legislation	חיקוק מנדטורי
payment due	חל פרעון
Aleppo	חלב
partition, Halukah	חלוקה
geographical distribution	חלוקה גיאוגרפית
maturity, application	חלות
alternate	חליף
Caliphate	ח'ליפות
airspace	חלל האוויר
outer space	החלל החיצון
victims of the struggle	חללי המאבק
victims of the Holocaust	חללי השואה
manned spaceship or spacecraft	חללית מאויישת
salvage boat or vessel	חלצת
integral part	חלק בלתי נפרד
basic part	חלק יסודי
severely	חמורות
general amnesty	חנינה כללית
patronage, auspices, protection	חסות
blocking	חסימה
international immunity	חסינות בינלאומית

diplomatic immunity	חסינות דיפלומאטית
immunity of Knesset Members	חסינות חברי הכנסת
Parliamentary immunity	חסינות פרלמנטרית
forced saving	חסכון חובה
without precedent	חסר תקדים
stateless persons	חסרי נתינות
archeological excavations	חפירות ארכיאולוגיות
antiques	חפצי עתיקות
dredger	חפרת
cross (v.)	חצה
Sinai Peninsula	חצי אי סיני
Arabian Peninsula	חצי אי ערב
half track	חצי זחל
unlawful crossing	חצייה בלתי חוקית
special legislation	חקיקה מיוחדת
subsidiary legislation	חקיקת משנה
subsistence farming	חקלאות קיום
space exploration	חקר החלל
ruin	ח'רבת
Khartum	חרטום
ultra vires	חריגה מסמכות
oil boycott	חרם הנפט
Mt. Hermon	חרמון
in spite of, notwithstanding	חרף
prejudice (v.)	חרץ מראש
clandestine	חשאי
accountant or controller general	חשב כללי
blocked account	חשבון חסום
consolidated account	חשבון מאוחד
current account	חשבון עובר ושב
development account	חשבון פיתוח
profit and loss account	חשבון רווח והפסד
clearing accounts	חשבונות סילוקין
vital importance	חשיבות חיונית
cardinal	חשמן
signatory to	חתום על
undersigned	חתום מטה
signature	חתימה
striving for independence	חתירה לעצמאות
undermining authority	חתירה תחת השלטון
subversive	חתרני

ט

taboo, Land Register	טאבו
inherent	טבוע ב–
dollar-linked bonds	טבי דולר
interest	טובת הנאה
long range	טווח ארוך
fire range	טווח אש
range (of a gun)	טווח ירייה
maximum range	טווח מירבי
range or span of control	טווח פיקוח
total	טוטלי
totalitarian	טוטליטרי
claimant	טוען
original (copy)	טופס מקורי
motorized column	טור ממונע
lance corporal, private first class	טוראי ראשון
turbojet	טורבו סילון
parallel columns	טורים מקבילים
manned torpedo	טורפדו מאויישת
first or rough draft	טיוטה
decision rough draft	טיוטת החלטה
astronaut	טייס חלל
co-pilot	טייס משנה
pilot-navigator	טייס נווט
bombing squadron	טייסת הפצצה
air force squadron	טייסת חיל אוויר
interceptor squadron	טייסת יירוט
fighter squadron	טייסת מטוסי קרב
air-to-air missile	טיל אוויר אוויר
air-ground missile	טיל אוויר קרקע
intercontinental missile	טיל ביניבשתי
ballistic missile	טיל בליסטי
ground-sea missile	טיל ים קרקע
cruise missile	טיל ימי
guided missile	טיל מונחה
research missile	טיל מחקר
anti-tank missile	טיל נגד טנקים
anti-aircraft missile	טיל נגד מטוסים
anti-radiation missile (ARM)	טיל נגד קרינה
tracer projectile	טיל נותב
supersonic missile	טיל על קולי

ground to air missile	טיל קרקע אוויר
cruiser missile	טיל שיוט
short range attack missile (SRAM)	טיל תקיפה קצר טווח
operational flight	טיסה מבצעית
low flying	טיסה נמוכה
supersonic flight	טיסה על קולית
training flight	טיסת אימון
demonstration flight	טיסת הפגנה
test flight	טיסת מבחן
observation flight	טיסת תצפית
pleading	טיעון
foster (v.)	טיפח
recruit	טירון
basic training	טירונות
terror	טירור
guerilla tactics	טכסיסי גרילה
harassing tactics	טכסיסי הטרדה
tactician	טכסיסן
amphibious tank	טנק אמפיבי
clerical errors	טעויות סופר
subject to approval	טעון אישור
subject to ratification	טעון אשרור
pretence	טענת שוא
tactical	טקטי
protocol, ceremony	טקס
coronation ceremony	טקס הכתרה
pre–military	טרום צבאי
pre–Zionist	טרום ציוני
special tribunal	טריבונל מיוחד
territorial	טריטוריאלי
trans–Atlantic	טרנס אטלנטי
torpedo (v.)	טרפד
motor torpedo boat	טרפדת ממונעת
coastal torpedo motor boat (CTB)	טרפדת מנוע חופית

airborne, air transportable	יביל אוויר
European continent	יבשת אירופה
continent of birth	יבשת לידה
amicable, friendly	ידידותי
technological know–how	ידע טכנולוגי

judicial notice	ידיעה משפטית
defense tax or levy	יהב מגן
Jewry of silence	יהדות הדממה
Diaspora Jewry	יהדות התפוצות
Judea and Samaria	יהודה ושומרון
literate	יודע קרוא וכתוב
Greece	יוון
free enterprise	יוזמה חופשית
pioneering enterprise	יוזמה חלוצית
private initiative or enterprise	יוזמה פרטית
D Day	יום האפס
Thanksgiving Day	יום ההודייה
Memorial Day or Day of Remembrance	יום הזיכרון
"D" Day	יום ה"ע'
Independence Day	יום העצמאות
Holocaust and Heroism Day	יום השואה והגבורה
Crown Counsellor, King's or Queen's counsel	יועץ הכתר
King's Council	יועץ המלך
Government Adviser on Petroleum and Energy	יועץ הממשלה לענייני נפט ואנרגיה
Adviser on Arab Affairs	יועץ לענייני ערבים
Adviser on Diaspora Affairs	יועץ לענייני התפוצות
political adviser	יועץ מדיני
commercial counselor	יועץ מסחרי
legal adviser or counsel, Attorney General	יועץ משפטי
counsellor of embassy	יועץ שגרירות
national prestige	יוקרה לאומית
minelayer	יוקשת או אוניית מוקשים
sailor, seaman	יורד ים
crown prince, heir to the throne	יורש עצר
Speaker of the Knesset	יושב ראש הכנסת
equity	יושר
combat unit	יחידה לוחמת
operational unit	יחידה מבצעית
political subdivision	יחידה מדינית
motorized unit	יחידה ממונעת
auxiliary or supporting unit	יחידה מסייעת או יחידת סיוע
mechanized unit	יחידה ממוכנת
battle or fighting unit	יחידה קרבית
advance unit	יחידת חלוץ
monetary unit, unit of currency	יחידת מטבע

reserve unit	יחידת מילואים
reconnaisance unit	יחידת סיור
commando or raiding unit	יחידת פשיטה
army or military unit	יחידת צבא או יחידה צבאית
foreign or external relations	יחסי חוץ
respect	יחס כבוד
public relations	יחסי ציבור
bilateral relations	יחסים בילטרליים
international relations	יחסים בינלאומיים
communal relations	יחסים בינעדתיים
diplomatic relations	יחסים דיפלומטיים
extraordinary relations	יחסים יוצאים מן הכלל
Ein Radian	יטבתה
exclusive	ייחודי
Messianic mission	ייעוד משיחי
empower, authorize, delegate authority (v.)	ייפה כוח
currency stabilization	ייצוב המטבע
exclusive representation	ייצוג בלעדי
interception	יירוט
settle, colonize (v.)	יישב
The Yishuv or Jewish Community of Palestine	היישוב
boundary adjustment	יישוב גבולות
adjustment or settlement of obligation	יישוב התחייבות
compulsory settlement of disputes	יישוב חובה של פלוגתות או סכסוכים
agricultural settlement	יישוב חקלאי
rural settlement	יישוב כפרי
defense settlement	יישוב מגן
settlement of dispute	יישוב מחלוקת
strong point, settlement, garrison outpost	יישוב משלט
final or ultimate settlement	יישוב סופי
peaceful settlement of disputes or conflicts	יישוב סכסוכים בדרכי שלום
border settlement	יישוב ספר
urban settlement	יישוב עירוני
border settlements	יישובי גבול
capability of deterrence	יכולת הרתעה
native	יליד
Government Notices	ילקוט הפרסומים
Red Sea	הים האדום
Lake Hula	ים החולה
Dead Sea	ים המלח
Black Sea	הים השחור

Mediterranean	הים התיכון
Lake Tiberias, Sea of Galilee, Lake Kinneret	ים כינרת
Red Sea	ים סוף
sailor	ימאי
duration	ימי קיום
inshore	ימי חופי
integral	יסודי
strategic objective	יעד אסטרטגי
intermediate objective	יעד ביניים
vital objective, goal or target	יעד חיוני
secondary objective	יעד משנה
main objective	יעד עיקרי
estimated export	יצוא משוער
industrial export	יצוא תעשייתי
exporter	יצואן
illegal exit	יציאה שלא כדין
exchange stability	יציבות חליפין
economic stability	יציבות כלכלית
political stability	יציבות פוליטית
representative	יציג
adversary, opponent, rival	יריב
political entity	ישות מדינית
Palestinian entity	ישות פלסטינאית
open or public session	ישיבה פומבית
emergency session	ישיבת חירום
plenary session or meeting	ישיבת מליאה
transitory residence	ישיבת מעבר
final meeting	ישיבת נעילה
permanent session	ישיבת קבע
moreover	יתר על כן
balance	יתרה
furthermore	יתרה מזה
topographical advantage	יתרון טופוגראפי
debit balances	יתרות דביטוריות
balance of entitlement	יתרת זיכוי
credit balance	יתרת זכות
debit balance	יתרת חובה
balance of commitment	יתרת חיוב
food surplus	יתרת מזון
foreign currency surplus	יתרת מטבע חוץ
arms surplus	יתרת נשק

כ

debt bondage	כבילות לחוב
access road	כביש גישה
Heroism Highway or Highway of Valor	כביש הגבורה
submarine cable	כבל תת-ימי
tracer bullet	כדור נותב
duly, lawfully	כדין
as follows	כדלקמן
duly, properly	כהלכה
occupationary	כובשני
Kuwait	כווית
common intention	כוונה משותפת
premeditation	כוונה תחילה
adjustment of firing (power)	כוונון אש
volume control	כוונון עצמה
assault force	כוח הלם
blockade force	כוח הסגר
separation force	כוח הפרדה
deterring force	כוח הרתעה או מרתיע
emergency force	כוח חירום
defense force	כוח מגן
covering force	כוח מחפה
striking force	כוח מחץ
motorized force	כוח ממונע
task force	כוח משימה
armored force	כוח משוריין
assault force	כוח סער
civilian labor force	כוח עבודה אזרחי
multilateral force (MLF)	כוח רב-צדדי
strategic forces	כוחות אסטרטגיים
security forces, armed services	כוחות ביטחון
forces of peace and progress	כוחות השלום והקידמה
land forces	כוחות יבשה
airborne troops	כוחות מוטסים
armed forces	כוחות מזויינים
special forces	כוחות מיוחדים
reserve forces	כוחות מילואים
active or regular forces	כוחות סדירים
popular liberation forces	כוחות שחרור עממיים
in whole or in part	כולה או קצתה
form a government (v.)	כונן ממשלה

alert, readiness	כוננות
security preparedness	כוננות בטחונית
war preparedness	כוננות ללחימה
battle readiness	כוננות לקרב
limited preparedness	כוננות מוגבלת
ground alert	כוננות קרקע
official receiver of property	כונס נכסים רשמי
Yishuv defense fund	כופר היישוב
ransom	כופר נפש
atomic pile, reactor	כור אטומי
nuclear reactor	כור גרעיני
Kurds	כורדים
security necessity	כורח בטחוני
vital necessity	כורח חיוני
capability, capacity, fitness	כושר
airworthiness	כושר אווירי
seaworthiness	כושר הפלגה ימית
deterring capacity	כושר הרתעה
competitive capacity	כושר התחרות
operational capacity	כושר מבצעי
legal capacity	כושר משפטי
capacity for mobility	כושר ניידות
capacity of passage	כושר עבירות
capacity for action	כושר פעולה
solvency	כושר פירעון
combat capacity	כושר קרבי
maneuverability	כושר תמרון
Wailing Wall, Western Wall	הכותל המערבי
subtitle, subheading, sub caption	כותרת משנה
conquest of the land	כיבוש הארץ
conquest of the desert	כיבוש השממה
conquest of labor	כיבוש עבודה
military occupation	כיבוש צבאי
direct (v.)	כיוון
direction of fire	כיוון אש
similar, similarly, the like	כיוצא בזה
Red Square	הכיכר האדומה
Jordan Valley or Plain	כיכר הירדן
parade ground	כיכר מסדרים
review ground	כיכר מסקרים
appellation of origin	כינוי מקור
international conference	כינוס בינלאומי

[56]

special conference	כינוס מיוחד
Kinneret, Lake Tiberias, Sea of Galilee, Lake Gennesaret	כינרת
pocket of resistance	כיס התנגדות
Falujah Pocket	כיס פלוג'ה
yearnings of redemption	כיסופי גאולה
Dome of the Rock	כיפת הסלע
qualifications	כישורים
platoon, detachment	כיתה
encirclement	כיתור
scouting platoon	כיתת גישוש
Executions Komando	כיתת המתה
intelligence detachment	כיתת מודיעין
as frequently, whenever	כל אימת
whenever necessary	כל אימת שדרוש
all rights reserved	כל הזכויות שמורות
as he sees or thinks fit	ככל שייראה לו
as follows	כלהלן
Alliance Israelité Universelle	כל ישראל חברים
weapons	כלי זין
aircraft	כלי טיים
firearms	כלי ירייה
implements of war	כלי מלחמה
vessels, watercraft	כלי שיט
survival craft	כלי שיט שאירים
communications media	כלי תקשורת
false confinement or imprisonment	כליאת שוא
Caliphate	כ'ליפות
national economy	כלכלה לאומית
political economy	כלכלה מדינית
planned economy	כלכלה מתוכננת
rules of war	כללי מלחמה
rules of procedure	כללי נוהל
as defined	כמוגדר
clergy	כמורה
guaranteed quantity	כמות מובטחת
in the accepted way	כמקובל
launching pad	כן שיגור
gang, band	כנופייה
sincerity, honesty	כנות
entry into force	כניסה לתוקף
capitulation	כניעה בתנאי

surrender	כניעה ללא-תנאי
emergency conference or gathering	כנס חירום
Catholic Church	הכנסייה הקתולית
Church of Gethsemane	כנסיית גת שמנא
Church of the Dormition	כנסיית דורמיציון
ecclesiastical	כנסייתי
Knesset Israel, Jewish community	כנסת ישראל
remittances	כספים
public finances	כספים ציבוריים
at the expiration	כעבור
Ras Nasrani	כף הנוצרים
Cape of Good Hope	כף התקווה הטובה
Cape Kennedy	כף קנדי
subject to . . .	כפוף ל . . ., מתוך כפיפות ל . . .
ad referendum	כפוף לאישור
subject to ratification	כפוף לאשרור
as necessary	כפי הדרוש
as amended	כפי שתוקן
religious coercion	כפייה דתית
violation of conscience	כפיית המצפון
double taxation	כפל מסים
Capernaum	כפר נחום
abandoned village	כפר נטוש
workers' village	כפר עבודה
duly	כראוי
normally	כרגיל
identity card	כרטיס זהות
press card	כרטיס עיתונאי
Crete	כרתים
fit for battle	כשיר לקרב
airworthiness	כשירות טיסה
battleworthy	כשר לקרב
executive capacity	כשרון ביצוע
legal fitness or competence	כשרות משפטית
writ of prohibition	כתב איסור
indictment	כתב אישום
instrument or writ of ratification	כתב אשרור
letter of accreditation, credentials or papers	כתב האמנה
credentials	כתב הסמכה
instrument of accession	כתב הצטרפות
basic document	כתב יסוד
general act	כתב כללי

letter of appointment, commission, credentials	כתב מינוי
final act	כתב מסכם או סופי
terms of reference	כתב סמכויות
code	כתב סתר
deposition	כתב עדות
appeal statement or warrant	כתב ערעור או ערר
war correspondent	כתב צבאי
cypher	כתב צופן
instrument of acceptance	כתב קבלה
correspondence, reportage	כתבה
treaty series	כתבי אמנה
in consideration	כתמורה
Hashemite Crown	הכתר ההאשמי

ל

non–signatory	לא–חתום
non–combatant	לא–לוחם
unarmed	לא–מזויין
non–military	לא–צבאי
unofficial	לא–רשמי
national	לאומי
nationality, nationalism	לאומיות
nationalist	לאומן
aggressive nationalism	לאומנות תוקפנית
in view	לאור
later, thereafter	לאחר מכן
as follows, quote	לאמור
high seas	לב ים, לב ימים
Greater Lebanon	לבנון רבתי
with respect to, applicable to	לגבי
Foreign Legion	לגיון הזרים
Legion of Honor	לגיון הכבוד
Arab Legion	הלגיון הערבי
legitimacy	לגיטימיות
legislative	לגיסלטיבי
flame thrower	להביור
excluding	להוציא
hereinafter	להלן
jet squadron	להק סילוני
Libya	לוב
logistics	לוגיסטיקה

Lod, Lydda	לוד
Latakia	לודקיה
satellite	לווין
manned satellite	לווין מאוייש
weather satellite	לווין מזג אוויר
research satellite	לוויין מחקר
meteorological satellite	לוויין מטאורולוגי
navigation satellite	לוויין ניווט
military satellite	לוויין צבאי
spy satellite	לוויין ריגול
relay satellite	לוויין תמסורת
observation satellite	לוויין תצפית
communication satellite	לוויין תקשורת
schedule of rights	לוח זכויות
air warfare	לוחמה אווירית
atomic warfare	לוחמה אטומית
electronic warfare	לוחמה אלקטרונית
irregular warfare	לוחמה בלתי סדירה
nuclear warfare	לוחמה גרעינית
theater warfare	לוחמה זירתית
guerilla warfare	לוחמה זעירה
chemical warfare	לוחמה כימית
economic warfare	לוחמה כלכלית
anti–submarine warfare	לוחמה נגד צוללות
mobile warfare	לוחמה ניידת
regular warfare	לוחמה סדירה
Ghetto Fighters	לוחמי הגיטאות
Fighters for the Freedom of Israel	לוחמי חרות ישראל
jungle warfare	לוחמת ג'ונגל
space warfare	לוחמת חלל
desert warfare	לוחמת מדבר
positional warfare, trench or static warfare	לוחמת עמדות
partisan warfare	לוחמת פרטיזנים
submarine warfare	לוחמת צוללות
armored warfare	לוחמת שריון
propaganda warfare	לוחמת תעמולה
local	לוקאלי
street fighting	לחימה בשטח בנוי
absolutely, completely	לחלוטין
alternatively	לחלופין
inflationary pressure	לחץ אינפלציוני
political pressure	לחץ מדיני

lateral	לטיראלי
Levant	ליבנט
Moslem League	הליגה המוסלמית
Arab League	הליגה הערבית
Anti-defamation League	הליגה נגד השמצה
legal	ליגאלי
legalistic	ליגליסטי
schedule, tabulate (v.)	ליווח
escort	ליווי
Litani	ליטאני
Lithuania	ליטה
Israeli pound	לירה ישראלית
prima facie	לכאורה
without reservation	ללא הגבלה
indissolubly	ללא הפרד
unprovoked	ללא התגרות
irrespective	ללא התחשבות
without pressure	ללא לחץ
impartially	ללא משוא פנים
unconditionally	ללא סייג
untimely, prematurely	ללא עת
unconditional, unconditionally	ללא תנאי
unprecedented, without precedent	ללא תקדים
exclusive of, not inclusive of, with the exception of	למעט
in fact	למעשה
retroactive	למפרע
intermittently	למקוטעין
superficially	למראית עין
alternately	לסירוגין
forever	לעולמים
at least	לפחות
according to, pursuant to	לפי
in its discretion	לפי ראות עיניו
withdrawal	לקיחה מן . . .
hereafter	לקמן
in witness thereof	לראייה על כך
including, inclusive of	לרבות
slander	לשון הרע
authentic language	לשון מקורית
international bureau	לשכה בינלאומית
Technical Assistance Division	הלשכה לסיוע טכני

Bureau for Personal Compensations from Abroad	הלשכה לפיצויים אישיים מחו"ל
Bureau for Scientific Relations	לשכה לקשרי מדע
Central Bureau of Statistics	הלשכה המרכזית לסטטיסטיקה
mobilization or recruiting office	לשכת גיוס
Arab Boycott Office	לשכת החרם הערבי
Government Press Office	לשכת העיתונות הממשלתית
information bureau or office	לשכת מודיעין
President's Office	לשכת נשיא המדינה
clearing house	לשכת סילוקים או סילוקין
Social Welfare Bureau	לשכת סעד
legal aid bureau	לשכת סעד משפטי
labor exchange, employment bureau	לשכת עבודה
press bureau	לשכת עיתונות
Patent Office	לשכת פטנטים
liaison office	לשכת קשר
employment office	לשכת תעסוקה
budget bureau	לשכת תקציב
for the purpose or sake of	לשם
to this end, for that purpose	לתכלית זו

מ

interblock struggle	מאבק בינגושי
struggle for independence	מאבק לעצמאות
armed struggle	מאבק מזויין
class struggle	מאבק מעמדי
atomic pile	מאגר אטומי
fuel stockpile	מאגר דלק
consolidated	מאוחד
inhabited, populated	מאוכלס
authenticated, certified, verified	מאומת
confirmed, certified	מאושר
ab antiquo	מאז ומקדם
balance of security	מאזן ביטחון
migration or migratory balance	מאזן הגירה
armaments balance	מאזן חימוש
strategic balance of powers	מאזן כוחות אסטרטגי
trade balance	מאזן מסחרי
balance of armaments	מאזן נשק
foreign trade balance	מאזן סחר חוץ
military balance	מאזן צבאי

[62]

current balance	מאזן שוטף
balance of payments	מאזן תשלומים
on the other hand	מאידך
atom accelerator or smasher	מאיץ גרעיני
Malaysia	מאלאיה
war effort	מאמץ מלחמתי
mediation effort	מאמץ תיווך
diplomatic efforts	מאמצים דיפלומאטיים
solitary confinement	מאסר בודד
house arrest	מאסר בית
life imprisonment	מאסר עולם
suspended prison sentence	מאסר־על־תנאי
revolutionary Marxism	מארכסיזם מהפכני
amphibious dock	מבדוק אמפיבי
dry dock	מבדוק יבש
floating dock	מבדוק צף
internal audit	מבדק פנימי
preamble, preface	מבוא
Elath approaches	מבואות אילת
power test	מבחן כוח
field test	מבחן שדה
basic formation	מבנה בסיסי
assault formation	מבנה הסתערות
attack formation	מבנה התקפה
social structure	מבנה חברתי
formation of mirages	מבנה מיראז'ים
battle formation	מבנה קרבי
campaign, operation, project	מבצע
defensive operation	מבצע הגנתי
operation of fortifying oneself	מבצע התבצרות
attack operation	מבצע התקפי
prestige operation	מבצע יוקרה
political operation	מבצע מדיני
combined or joint operation	מבצע משולב
counter operation	מבצע נגד
Sinai Campaign	מבצע סיני
Sinai Campaign	מבצע "קדש"
tactical operation	מבצע קרבי
retaliatory operation	מבצע תגמול
operational	מבצעי
State Comptroller	מבקר המדינה
smuggler, bootlegger, contrabandist	מבריח

[63]

gun runner	מבריח נשק
Joint Palestine Appeal	המגבית הארצישראלית המאוחדת
United Jewish Appeal	המגבית היהודית המאוחדת
mobilized	מגויים
permanent residence or quarters	מגורים קבועים
expelled, evicted	מגורש
ram jet	מגח סילון
United Nations Charter	מגילת האומות המאוחדות
Proclamation of Independence	מגילת העצמאות
Basic Human Rights Charter	מגילת זכויות היסוד של האדם
mine detector	מגלה מוקשים
artillery sound locator	מגלה סוללות
inflationary trend	מגמה אינפלציונית
Red Magen David	מגן דוד אדום בישראל
fortified defence	מגנן מבוצר
forward defences	מגננים קדמיים
diplomatic intercourse or negotiations	מגע ומשא דיפלומטי
cost of living index	מדד יוקר המחיה
consumers' price index	מדד מחירים לצרכן
liqudity index	מדד נזילות
military uniform	מדי צבא
battle dress	מדי קרב
service dress	מדי שירות
diplomacy, statesmanship	מדינאות
statesman, politician	מדינאי
state 'en route'	מדינה בדרך
bi–national state	מדינה דו–לאומית
member state	מדינה חברה
coastal state	מדינה חופית
most favored state	מדינה מועדפת ביותר
appellant state	מדינה מערערת
developed state	מדינה מפותחת
receiving state	מדינה מקבלת
sending state	מדינה משגרת
participating state	מדינה משתתפת
developing state	מדינה מתפתחת
contracting state	מדינה מתקשרת
pluralistic state	מדינה פלורליסטית
sovereign state	מדינה ריבונית
centralist state	מדינה ריכוזית
Arab states	מדינות ערב
Axis states	מדינות הציר

population policy	מדיניות אוכלוסין
containment policy	מדיניות בלימה
immigration policy	מדיניות הגירה
policy of deterrence	מדיניות הרתעה
settlement policy	מדיניות התנחלות
foreign policy	מדיניות חוץ
power politics	מדיניות כוח
balanced policy	מדיניות מאוזנת
monetary policy	מדיניות מוניטארית
policy of moderation	מדיניות מיתון
confrontation policy	מדיניות עימות
immigration policy	מדיניות עלייה
policy of conciliation	מדיניות פיוס
fiscal policy	מדיניות פיסקאלית
military policy	מדיניות צבאית
welfare policy	מדיניות רווחה
policy of restraint	מדיניות ריסון
open door policy	מדיניות של "דלת פתוחה"
non–intervention policy	מדיניות של אי–התערבות
policy of compromising	מדיניות של התפשרות
policy of retaliation	מדיניות תגמול
aggressive policy	מדיניות תוקפנית
state nucleus	מדינת גרעין
buffer state	מדינת חייץ
protectorate	מדינת חסות
State of Israel	מדינת ישראל
refuge state	מדינת מקלט
welfare state	מדינת סעד
confrontation state	מדינת עימות
Vatican City State	מדינת קריית הוותיקן
welfare state	מדינת רווחה
state of registration	מדינת רישום
victory medal	מדליית ניצחון
military science	מדע צבאי
seaboard	מדף החוף
continental shelf	מדף יבשתי
government printer	המדפיס הממשלתי
emigrant, immigrant	מהגר
authentic, reliable	מהימן
flying speed	מהירות טיסה
supersonic speed	מהירות עלקולית
cruising speed	מהירות שיוט

corporate, associated	מואגד
accredited to	מואמן אל . . .
muezzin	מואזין
airline	מוביל אווירי
formation leader	מוביל מבנה
National Water Carrier	מוביל המים הארצי
Christian enclave	מובלעת נוצרית
troop carrier, troopship	מובלת צבא
smuggled	מוברח
radio intelligence	מודיעין אלחוט
counter intelligence	מודיעין נגדי
military, battle or combat intelligence	מודיעין צבאי
informational	מודיעיני
preliminary notice	מודעה מוקדמת
settlement notice	מודעת סידור
absolute	מוחלט
airborne	מוטס
nationalized	מולאם
monopoly	מונופולין
monetary	מוניטארי
monarchy	מונרכיה
Institute for Intelligence and Special Tasks	המוסד
banking institution	מוסד בנקאי
legal establishment	מוסד חוקתי
national institution	מוסד לאומי
National Insurance Institute	המוסד לביטוח לאומי
Institute for the Care of Handi-capped Immigrants	המוסד לטיפול בעולים נחשלים
authorized, authoritative, competent, reliable	מוסמך
bearer of this letter	מוסר (מוליך) כתב זה
nuclear club	המועדון האטומי
candidacy	מועמדות
regional council	מועצה איזורית
religious council	מועצה דתית
British Council	המועצה הבריטית
general council	מועצה כללית
National Security Council	המועצה לביטחון לאומי
Civil Aeronautics Board	המועצה לתעופה אזרחית
executive council	מועצה מבצעת
revolutionary council	מועצה מהפכנית
legislative council	מועצה מחוקקת
advisory or consultative council	מועצה מייעצת

[66]

administrative council	מועצה מנהלית
local council	מועצה מקומית
municipal council	מועצה עירונית
Security Council	מועצת הביטחון
National Defence Council	מועצת ההגנה הלאומית
Arab Combined Defence Council	מועצת ההגנה הערבית המשותפת
Provisional Council of the State of Israel	מועצת המדינה הזמנית
Privy Council	מועצת המלך
Trusteeship Council	מועצת הנאמנות
Provisional Peoples' Council	מועצת העם הזמנית
revolutionary council	מועצת הפיכה או מהפכה
war council	מועצת מלחמה
Revolutionary Command Council	מועצת מפקדת המהפכה
board of governors	מועצת נגידים
council of princes	מועצת נסיכים
Regents' Council	מועצת עוצרים
deposited	מופקד
Mufti	מופתי
national origin or extraction	מוצא לאומי
outpost, position (military)	מוצב
command post	מוצב פיקוד
advance post	מוצב קדמי
observation post	מוצב תצפית
dummy mine	מוקש דמה
induction mine	מוקש השראה
time mine	מוקש זמן
naval mine	מוקש ימי
magnetic mine	מוקש מגנטי
antipersonnel mine	מוקש נגד אנשים
antitank mine	מוקש נגד טנקים
antivehicle mine	מוקש נגד רכב
delayed action mine	מוקש שהה או השהייה
submarine mine	מוקש תת ימי
Ghetto rebels	מורדי הגיטאות
agent, authorized, authorized representative	מורשה
duly authorized	מורשה כהלכה
convicted	מורשע
session, smallholders' settlement	מושב
preparatory session	מושב מכין
plenary session	מושב מליאה
smallholders' cooperative settlement	מושב עובדים
(new) immigrants' settlement	מושב עולים

cooperative or collective smallholders' settlement	מושב שיתופי
annual session	מושב שנתי
urban village	מושבה עירונית
protectorate	מושבת חסות
Crown Colony	מושבת כתר
military governor	מושל צבאי
delineated, drawn	מותווה
conditional, contingent, stipulated	מותנה
surplus capital	מותר הון
surplus assets	מותר נכסים
armed	מזויין
plot, conspiracy	מזימה
Secretary of State	מזכיר המדינה
Secretary General	מזכיר כללי
jump off	מזנק
Near East	המזרח הקרוב
Far East	המזרח הרחוק
Middle East	המזרח התיכון
saboteur	מחבל
expression or gesture of good will	מחווה של רצון טוב
district, region, county	מחוז
administrative district	מחוז מנהלי
jurisdictional area	מחוז שיפוטי
unilateral obligation	מחוייבות חד-צדדית
Founder of National Home	מחולל הבית הלאומי
inviolable	מחוסן מפגיעה
stateless	מחוסר נתינות
unemployed	מחוסר עבודה
turnover of capital	מחזור הון
currency circulation or turnover	מחזור מטבע
periodically	מחזורית
joint possessors	מחזיקים שותפים
disagreement, dispute	מחלוקת
Muslim and Druze Division	המחלקה המוסלמית והדרוזית
Division for Official Guests	המחלקה לאורחים רשמיים
Cooperative Societies Division	המחלקה לאיגוד שיתופי
Organisation and Information Department	המחלקה לארגון ולהסברה
Treaty Division	המחלקה להסכמים בינלאומיים
Settlement Department	המחלקה להתיישבות
Department for Education and Culture in the Diaspora	המחלקה לחינוך ולתרבות בגולה

International Organisations Division	המחלקה למוסדות בינלאומיים
Mediterranean and Middle East Division	המחלקה למזרח התיכון והים התיכון המזרחי
Research and Foreign Aid Department	המחלקה למחקר וסיוע חוץ
Minorities Division	המחלקה למיעוטים
General International Law Division	המחלקה למשפט בינלאומי כללי
Christian Communities Department	המחלקה לעדות נוצריות
Department for the Encouragement of Pilgrimage	המחלקה לעידוד הצליינות
Immigration and Absorption Department	המחלקה לעלייה וקליטה
Youth and Childrens' Aliyah Department	המחלקה לעליית ילדים ונוער
European Communities Division	המחלקה לענייני השוק המשותף
Division of Diaspora Affairs	המחלקה לענייני התפוצות
International Organisations Division (Political Affairs)	המחלקה לעניינים מדיניים באו"ם
Division for Cultural and Scientific Relations	המחלקה לקשרי תרבות ומדע
Church Relations Division	המחלקה לקשרים עם הכנסיות
Division for the Conservation of Historical Sites	המחלקה לשימור אתרים היסטוריים
International Cooperation Division	המחלקה לשיתוף בינלאומי
Import and Export Division	המחלקה לשירותי יצוא ויבוא
political department	מחלקה מדינית
Protocol Department	מחלקת הטקס או טכס
Department of State	מחלקת המדינה
Immigration Department	מחלקת העלייה
Public Works Department	מחלקת עבודות ציבוריות
Antiquities Department	מחלקת עתיקות
Absorption Department	מחלקת קליטה
Civil Aviation Department	מחלקת תעופה אזרחית
cultural department	מחלקת תרבות
on the ground of, because of, on account of	מחמת
training camp	מחנה אימונים
internment camp, quarantine	מחנה הסגר
transit camp	מחנה מעבר
detention camp	מחנה מעצר
labor or work camp	מחנה עבודה
displaced persons camp	מחנה עקורים
military camp	מחנה צבא
reception camp	מחנה קליטה
concentration camp	מחנה ריכוז

prisoners of war camp	מחנה שבויים
extermination camps	מחנות השמדה
Cyprus camps	מחנות קפריסין
refuge, shelter, protection	מחסה
air barrage	מחסום אווירי
barrage of fire	מחסום אש
road block	מחסום דרך
U.N. barrier or roadblock	מחסום האו"ם
mine roadblock	מחסום מוקשים
duty barrier	מחסום מכס
travel barriers	מחסומי נסיעה
ammunition dump	מחסן תחמושת
electronic computer	מחשב אלקטרוני
ballistic computer	מחשב באליסטי
underground	מחתרת
foreign currency	מטבע חוץ
legal tender	מטבע חוקי
stable currency	מטבע יציב
Israeli currency	מטבע ישראלי
local currency	מטבע מקומי
national staff	מטה ארצי
emergency staff	מטה חירום
general staff	מטה כללי
rear headquarters	מטה עורפי
headquarters	מטה ראשי
gas projector	מטול גז
antitank projector	מטול נגד טנקים
enemy aircraft	מטוס אויב
jet training plane	מטוס אימון סילוני
bomber	מטוס הפצצה
deterrence plane	מטוס הרתעה
interceptor plane	מטוס יירוט
seaplane, hydroplane	מטוס ים
pilotless plane	מטוס ללא טייס
low flying plane	מטוס מנמיך טוס
pursuit plane	מטוס מרדף
counter insurgency aircraft	מטוס נגד מרידות
passenger plane	מטוס נוסעים
reconnaissance plane	מטוס סיור
jet (propelled) plane	מטוס סילון
fighter plane, warplane	מטוס קרב
refuelling plane	מטוס תדלוק

supersonic transport plane	מטוס תובלה עלקולי
observation plane	מטוס תצפית
attack plane	מוטס תקיפה
salvo, volley	מטח
air flight	מטס אווירי
nuclear charge	מטען גרעיני
concussion charge	מטען זעזוע
demolition charge	מטען חבלה
explosives charge	מטען נפץ
tactical target	מטרה טקטית
deliberate target	מטרה יזומה
military target or objective	מטרה צבאית
territorial waters	מי חופין
groundwater	מי תהום
overthrow (v.)	מיגר
substantially	מידה ניכרת
designated	מיועד
Charge d'Affaires, plenipotentiary, commissioned, empowered	מיופה כוח
represented	מיוצג
integration of exiles	מיזוג גלויות
immediate	מיידי
adviser, counsellor, advisory	מייעץ
tanker	מיכלית
reserves	מילואים
militant	מיליטנטי
militia	מיליציה
coastal waters	מי או מימי חופין
territorial waters	מים טריטוריאליים
Minister of State	מיניסטר המדינה
Minister of Defense	מיניסטר ההגנה
Minister of Awqaf (Waqf)	מיניסטר ההקדש
Minister of Public Works	מיניסטר העבודות הציבוריות
Foreign Office	מיניסטריון החוץ
Ministry of the Interior, Home Office	מיניסטריון הפנים
Ministry of Transport	מיניסטריון התובלה
Minister of Communications	מיניסטריון התחבורה
political institutionalization	מיסוד פוליטי
double taxation	מיסי כפל
import taxes	מיסי יבוא
indirect taxes	מיסים עקיפים
underpopulation	מיעוט אוכלוסיה

מיעוטים	minorities
מיצרי טיראן	Tiran Straits
מיקוח קיבוצי	collective bargaining
מיקום	localization, placement
מיקוש	mine laying
מירוץ בינגושי	interbloc race
מירוץ גרעיני	nuclear race
מירוץ חימוש או זיון	armaments race
מירשה לטיסה	flight clearance
מישור אסטרטגי	strategic level
מישור דיפלומאטי	diplomatic level
מישור החוף	Coastal Plain
מישור מדיני	political arena
מישור קיסרי	Caesarea Plain
מכוח	pursuant to, by virtue of
מכון בן-צבי לחקר קהילות ישראל במזרח התיכון	Ben-Zvi Institute for Research on the Jewish Communities in the Middle East
המכון האפריקני-אסייני לכלכלת עבודה וקואופרציה	Afro-Asian Institute for Labour Studies and Co-operation
מכון היצוא הישראלי	Israel Export Institute
המכון הישראלי לבעיות ב"ל, לרעיון המדיני ולשאלות הארצות המתפתחות	Israeli Institute of International Affairs, Political Doctrine and Problems of Developing Countries
מכון ישראלי לחקר דעת הקהל	Israel Public Opinion Research Institute (IPORI)
המכון הישראלי ללימוד עניינים בינלאומיים	Israeli Institute for the Study of International Affairs
המכון הישראלי למחקרים אסטרטגיים ולניתוח מדיניות	Israel Institute for Strategic Studies and Policy Analysis
מכון התקנים הישראלי	Standards Institution of Israel
המכון לחקר החקלאות	Institute for Agricultural Research
המכון לחקר הנגב	Negev Institute for Arid Zone Research
המכון ליהדות זמננו	Institute of Contemporary Jewry
המכון למחקרי חקיקה ולמשפט השוואתי	Institute for Legislative and Comparative Law
המכון למחקרי נפט וגיאופיסיקה	Institute for Petroleum Research and Geophysics
המכון לתכנון ולפיתוח	Israel Institute for Planning and Development
מכונית מטה	staff car
מכונית סיור	reconnaissance car

command car	מכונית פיקוד
machine gun	מכונת ירייה
in all respects	מכל הבחינות
National Defence College	מכללה לביטחון לאומי
detection and interceptor radar	מכ"ם גילוי ויירוט
anti–collision radar	מכ"ם מנוע התנגשות
customs, duty	מכס
protective tariff	מכס מגן
quota	מכסה
import quota	מכסת יבוא
export quota	מכסת יצוא
immigration quota	מכסת עלייה
tactical obstacle	מכשול טקטי
water obstacles	מכשולי מים
radar	מכשיר כיוון ומרחק
observation instrument	מכשיר תצפית
flight instruments	מכשירי טיסה
fire strike	מכת אש
decisive blow	מכת הכרעה
preventive strike	מכת מנע
counterblow or strike	מכת נגד
letter of credit	מכתב אשראי
letter of accreditation	מכתב האמנה
registered letter	מכתב רשום
emergency reserve	מלאי חירום
security loan	מלווה ביטחון
loan and savings	מלווה וחיסכון
compulsory or obligatory loan	מלווה חובה
external loan	מלווה חוץ
savings loan	מלווה חיסכון
independence loan	מלווה עצמאות
independence and development loan	מלווה עצמאות ופיתוח
internal loan	מלווה פנים
absorption loan	מלווה קליטה
short term loan	מלווה קצר מועד
royalist, monarchic	מלוכני
atomic warfare	מלחמה אטומית
global war	מלחמה גלובאלית
nuclear war	מלחמה גרעינית
subversive war	מלחמה חתרנית
total warfare	מלחמה טוטאלית
planned war	מלחמה יזומה

all–out war	מלחמה ללא–סייגים
war of ideas, ideological war	מלחמה רעיונית
civil war	מלחמת אזרחים
internecine warfare	מלחמת אחים
blitzkrieg	מלחמת בזק
election campaign	מלחמת בחירות
gas warfare	מלחמת גזים
Jihād	מלחמת ג׳יהאד
guerilla warfare	מלחמת גרילה
war of attrition	מלחמת התשה
bacteriological warfare	מלחמת חיידקים
trench warfare	מלחמת חפרות
defensive war	מלחמת מגן
preventive war	מלחמת מנע
class war or struggle	מלחמת מעמדות
Holy War	מלחמת מצווה
positional or stationary war	מלחמת עמדות
virus warfare	מלחמת נגיפים
war of nerves	מלחמת עצבים
War of Independence	מלחמת עצמאות או קוממיות
submarine warfare	מלחמת צוללות
war of liberation	מלחמת שחרור
Six Day War	מלחמת ששת הימים
war of movement	מלחמת תנועה
offensive war	מלחמת תנופה
plenum, plenary assembly	מליאה
tank trap	מלכודת טנקים
royal	מלכותי
booty, loot	מלקוח
charge d'affaires ad interim	ממונה זמני
charge d'affaires	ממונה על
chief of protocol	ממונה על הטכס
Custodian of Enemy Property	ממונה על רכוש האויב
mandate	ממונות
United Kingdom	הממלכה המאוחדת
protectorate	ממלכת חסות
Saudi Arabian Kingdom	ממלכת ערב הסעודית
military establishment	ממסד צבאי
civil administration or authority	ממשל אזרחי
military government	ממשל צבאי
authoritarian government	ממשל שתלטני
government in exile	ממשלה גולה

provisional government	ממשלה זמנית
signatory and acceeding government	ממשלה חתומה ומצטרפת
contracting government	ממשלה מתקשרת
conservative government	ממשלה שמרנית
puppet government	ממשלת בובות
interim government	ממשלת ביניים
national emergency government	ממשלת חירום לאומית
national unity government	ממשלת ליכוד לאומי
caretaker or transit government	ממשלת מעבר
permanent government	ממשלת קבע
ordinary	מן המניין
administration, machinery	מנגנון
mandate	מנדט
discriminatory practice	מנהג הפלייה
civil administration	מנהל אזרחי
State Revenue Administration	מנהל הכנסות המדינה
Civil Aviation Administration or Directorate	מנהל התעופה האזרחית
financial administration	מנהל כספי
business management	מנהל עסקי
military administration	מנהל צבאי
public administration	מנהל ציבורי
industrial administration	מנהל תעשייתי
director general	מנהל כללי
charge d'affaires	מנהל ענייני
co-director	מנהל שותף
administration, directorate	מנהלה
People's Administration	מנהלת עם
administrative	מנהלתי
explosion engine	מנוע נפץ
jet engine	מנוע סילוני
rocket engine	מנוע רקיטי
emergency rations	מנות חירום
field rations	מנות קרב
Monastery of the Cross	מנזר המצלבה
landing strip	מנחת
preference or preferred shares	מניות בכורה
foreign currency shares	מניות במטבע חוץ
bonus shares, stock dividends, bonus issues (slips)	מניות הטבה
voting stock	מניות הצבעה
satisfactory	מניח את הדעת

[75]

deferred share	מנייה דחויה
bearer share	מנייה למוכ"ז
negotiable share	מנייה סחירה
ordinary share	מנייה רגילה
quorum	מניין חוקי
founders' share	מניית יסוד או מייסדים
prevention of infiltration	מניעת הסתננות
prevention of terror	מניעת טרור
export license	מניפסט יצוא
manifesto, proclamation	מנשר
comprehensive tax	מס אחיד
stamp duty or tax	מס בולים
income tax	מס הכנסה
corporation tax	מס חברות
emergency tax	מס חירום
import duty	מס יבוא
surcharge duty	מס יסף
direct tax	מס ישיר
surtax	מס יתר
protective tariff	מס מגן
luxury tax	מס מותרות
surtax	מס נוסף
foreign travel tax	מס נסיעות חוץ
estate duty or tax	מס עיזבון
indirect tax	מס עקיף או עקיפין
value added tax	מס ערך מוסף
sales or purchase tax	מס קנייה
capital gains tax	מס רווחי הון
property tax and compensation fund	מס רכוש וקרן פיצויים
improvement tax	מס שבח
land appreciation tax	מס שבח מקרקעין
Al–Aqsa Mosque	מסגד אל–אקצא
Mosque of Omar	מסגד עומר
military framework	מסגרת צבאית
preparedness parade	מסדר כוננות
authoritative	מסומך
grenade laying helicopter	מסוק מטיל רימונים
storm helicopter	מסוק סער
attack helicopter	מסוק תקיפה
international trade	מסחר בינלאומי
commital for trial	מסירה לדין
giving notice	מסירת הודעה

creeping fire barrage	מסך אש נע
antiaircraft barrage	מסך אש נגד מטוסים
Iron Curtain	מסך ברזל
gas barrage	מסך גז
Bamboo Curtain	מסך חזרן
gas mask	מסכת גז
course, orbit, trajectory	מסלול
flight course	מסלול טיסה
clearing house	מסלקה
act, document, instrument (legal)	מסמך
instrument of ratification	מסמך אשרור
instrument of accession	מסמך הצטרפות
basic instrument	מסמך יסוד
accompanying instrument	מסמך לוואי
judicial instrument	מסמך משפטי
instrument of amendment	מסמך מתקן
notarial act	מסמך נוטריוני
secret document	מסמך סודי
ancillary instrument	מסמך עזר
instrument of acceptance	מסמך קבלה
status paper	מסמך רקע
instrument of amendment	מסמך תיקון
elections campaign	מסע בחירות
nuisance campaign	מסע הטרדה
incitement campaign	מסע הסתה
campaign of slander or smear campaign	מסע השמצה
punitive campaign	מסע עונשין
crusade	מסע צלב
serial number	מספר סידורי
Reference No.	מספר סימוכין
message	מסר
infiltrator, marauder	מסתנן
Locust Research Laboratory	המעבדה לחקר הארבה
manned orbital laboratory	מעבדת חלל מאויישת
innocent passage	מעבר בתום לב
free passage	מעבר חופשי
Mandelbaum Gate	מעבר מנדלבאום
transient camp	מעברה
stronghold	מעוז
Bar–Lev line strongholds	מעוזי קו בר–לב
military intervention or involvement	מעורבות צבאית
personal status	מעמד אישי

middle class	המעמד הבינוני
laboring class, proletariat	מעמד הפועלים
legal status	מעמד חוקי
status of Jerusalem	מעמד ירושלים
municipal status	מעמד מוניציפאלי
legal status	מעמד משפטי
status of refugee	מעמד פליט
deadweight	מעמס
visaless or illegal immigrant	מעפיל
non-belligerent power	מעצמה בלתי–לוחמת
fifth power (organizers of Beriḥah)	המעצמה החמישית
naval power	מעצמה ימית
protecting power	מעצמה מגינה
detaining power	מעצמה עוצרת
Allied Powers	מעצמות הברית
Allies, Entente Powers	מעצמות ההסכמה
Western powers	מעצמות המערב
superpower	מעצמת–על
administrative detention	מעצר אדמיניסטרטיבי
house arrest	מעצר בית
detention and search	מעצר וחיפוש
provisional internment	מעצר זמני
administrative detention	מעצר מנהלי
preventive detention	מעצר מונע או מנע
(Labor) Alignment	המערך או מערך העבודה
defensive or defence disposition	מערך הגנתי או הגנה
rocket formation	מערך טילים
disposition of power	מערך כוחות
fortified position	מערך מבוצר
operational formation	מערך מבצעי
battle disposition	מערך קרבי
political front	מערכה מדינית
military front	מערכה צבאית
Israel's battle lines or fronts	מערכות ישראל
arms systems	מערכות נשק
alarm system	מערכת אזעקה
elections campaign	מערכת בחירות
security setup, defense establishment	מערכת ביטחון
sonar	מערכת גילוי צוללות
Defence Establishment	מערכת הביטחון
warning system	מערכת התראה
boundary maintaining system	מערכת מקיימת גבולות

navigational attack system	מערכת ניווט תקיפה
arms system	מערכת נשק
Sinai Campaign	מערכת סיני
international supervision system	מערכת פיקוח בינלאומית
Cave of Machpelah	מערת המכפלה
act of depredation	מעשה בזיזה
res judicata	מעשה בית דין
malicious act	מעשה זדון
act of sabotage	מעשה חבלה
act of mining	מעשה מיקוש
retaliation	מעשה נקם
tort	מעשה עוול
fraud	מעשה רמאות
reprisal or retaliatory action	מעשה תגמול
indecent assault act	מעשה תקיפה מגונה
acts of hostility, hostilities	מעשי איבה
acts of aggression	מעשי תוקפנות
unlawful acts	מעשים בלתי חוקיים
strategic map	מפה אסטרטגית
evacuee, evicted	מפונה
demilitarized	מפורז
detailed, specified	מפורט
law breaker	מפיר חוק
strike breaker	מפיר שביתה
National Religious Party	המפלגה הדתית הלאומית
Independent Liberal Party	המפלגה הליברלית העצמאית
political party	מפלגה מדינית
Israel Labour Party	מפלגת העבודה הישראלית
Israel Labour Party	מפלגת פועלי ארץ ישראל
United Labour Party	מפלגת הפועלים המאוחדת
a turn for the worse	מפנה לרע
mine sweeper	מפנה מוקשים
decisive turn	מפנה מכריע
Haganah enterprise	מפעל ההגנה
Jordan enterprise or work	מפעל הירדן
National Water Works *or* Project	מפעל המים הארצי
approved undertaking	מפעל מאושר
State of Israel Bonds	מפעל מלווה העצמאות והפיתוח
Israel Program for Scientific Translations Ltd.	מפעל תרגומי המדע הישראלי בע"מ
Dead Sea works	מפעלי ים המלח
tourist undertakings	מפעלי תיירות

[79]

torpedo bomber	מפציץ טורפדות
interception bomber	מפציץ יירוט
dive bomber	מפציץ צלילה
fighter bomber	מפציץ קרב
population census	מפקד אוכלוסין
district commander	מפקד איזור
battalion or regimental commander	מפקד גדוד
brigade commander	מפקד חטיבה
general census	מפקד כללי
Supreme Commander	מפקד עליון
platoon commander	מפקד פלוגה
military commander	מפקד צבאי
noncommissioned officer	מפקד שאינו קצין
command headquarters	מפקדה
Eastern Arab Command	המפקדה הערבית המזרחית
forward tactical headquarters	מפקדה טקטית קדמית
Mediterranean Command	מפקדה ים תיכונית
regional headquarters	מפקדה מרחבית
rear headquarters	מפקדה עורפית
unified military command	מפקדה צבאית מאוחדת
forward command	מפקדה קדמית
general headquarters	מפקדה ראשית
Judea and Samaria Regional Command	מפקדת איזור יהודה והשומרון
front command	מפקדת חזית
Tsahal Forces Command	מפקדת כוחות צה"ל
operative command	מפקדת מבצע
Frontier Guard Command	מפקדת משמר הגבול
army command	מפקדת צבא
superintendent, inspector general	מפקח כללי
advancement of pay	מפרעת שכר
Gulf of Eilat or Aqaba	מפרץ אילת
Persian Gulf	המפרץ הפרסי
Haifa Bay	מפרץ חיפה
Gulf of Suez	מפרץ סואץ
Sharm Al-Sheikh	מפרץ שלמה
sailing ship	מפרשית
coastal chart	מפת חוף
traffic map	מפת תעבורה
state of security	מצב בטחוני
alert, stand-by	מצב היכון או הכן
status quo	המצב הקיים

emergency situation, state of emergency	מצב חירום
state of preparedness or readiness	מצב כוננות
state of belligerency	מצב לוחמה
state of war	מצב מלחמה
garrison, strength	מצבה
fighting strength	מצבה לוחמת
fuel dump	מצבור דלק
ammunition dump ,weapons stockpile	מצבור נשק או תחמושת
supreme commander, commander in chief	מצביא עליון
monument	מצבת זיכרון
Massada, fortress, stronghold	מצדה
pillbox	מצדית
skirmish	מצה
declare and proclaim	מצהיר ומכריז
manifest	מצהר
fort, fortress	מצודה
rescue float	מצוף הצלה
siege, blockade	מצור
Whip (Senate)	מצליף
supply parachute	מצנח אספקה
emergency parachute	מצנח חירום
guided parachute	מצנח מונחה
Biltmore Platform	מצע בילטמור
cooperative program	מצע שיתופי
military march or parade	מצעד צבאי
religious conscience	מצפון דתי
agricultural commodities	מצרכים חקלאיים
adjacent	מצרני
Templum Domini	מקדש ישו
staging area	מקום היערכות
domicile, residence	מקום מגורים
place of origin	מקום מוצא
domicile, venue	מקום מושב
where practicable	מקום שאפשר
authenticated source	מקור מהימן
reliable source	מקור מוסמך
sources of the Jordan	מקורות הירדן
political asylum or refuge	מקלט מדיני
heavy machine gun	מקלע כבד
multipurpose machine gun	מקלע רב תכליתי
machine gunner	מקלען
mine laying ship	מקשת

magic carpet	מרבד הקסמים
heavy mortar	מרגמה כבדה
mobile mortar thrower	מרגמה מתנייעת
trench mortar	מרגמת חפרות
Ghetto uprising	מרד הגיטאות
Arab revolt	המרד הערבי
armed revolt	מרד מזויין
airborne pursuit	מרדף מוטס
armaments race	מרוץ חימוש
authority	מרות
Lebensraum, living space	מרחב מחייה או חיים
zone of action	מרחב פעולה
area of jurisdiction	מרחב שיפוט
maneuvering space	מרחב תמרון
resistance, insubordination, mutiny	מרי
civil disobedience	מרי אזרחי
training center	מרכז אימונים
mobilization center	מרכז ניוס
U. N. Headquarters	מרכז האו"ם
training center	מרכז הדרכה
Information Centre	מרכז ההסברה
Investments Centre	מרכז ההשקעות
Technological and Scientific Information Centre	המרכז הלאומי למידע טכנולוני ומדעי
Israel Aliyah Center, Inc.	מרכז העלייה לישראל
Settlement Study Centre	המרכז לחקר ההתיישבות
Center for Comparative Studies on Agricultural Development	המרכז לידע ארצות חוץ
Center for Arabic and Afro-Asian Studies, Givᶜat Ḥaviva	המרכז ללימודים ערביים ואפרו-אסיאניים, גבעת חביבה
Foreign Trade Centre	המרכז לסחר חוץ
Harry S. Truman Centre for the Advancement of Peace	המרכז לקידום השלום על שם הארי ס. טרומאן
International Agricultural Cooperation Centre	המרכז לשיתוף חקלאי בינלאומי
Agricultural Planning Centre	המרכז לתכנון ופיתוח חקלאי
Center for Volunteer Services	המרכז לשירותי התנדבות
Policy Studies Centre	מרכז מחקרי מדיניות
spiritual center	מרכז רוחני
international telephone exchange	מרכזת בינלאומית
percussion fuse	מרעום הקשה
time fuse	מרעום זמן

willingly, voluntarily	מרצון
census, registration of population	מרשם אוכלוסין או תושבים
Holocaust Cellar	מרתף השואה
negotiations	משא ומתן
capital resources	משאבי הון
natural resources	משאבים טבעיים
plebiscite, referendum	משאל עם
rocket launcher	משגר .טילים
Katyusha launcher	משגר קטיושות
rocket launcher	משגר רקטות
bias, partiality	משוא פנים
radio beacon	משואת אלחוט או רדיו
Independence beacon	משואת העצמאות
deprived of rights	משולל זכויות
Little Triangle	המשולש הקטן
merely because	משום זה בלבד
tank destroyer	משחית טנקים
reciprocal game	משחק גומלין
Olympic games	משחקים אולימפיים
rockets carrying destroyer	משחתת נושאת טילים
parachute surface	משטח הצנחה
crossing area	משטח צליחה
artillery or gun emplacement	משטח תותחים
international regime	משטר בינלאומי
democratic regime	משטר דמוקרטי
Mandate regime	משטר המנדט
capitulations system	משטר הקאפיטולאציות
totalitarian regime	משטר טוטליטארי
economic regime	משטר כלכלי
revolutionary regime	משטר מהפכני
traditional regime	משטר מסורתי
disciplinary regime	משטר משמעת
trusteeship	משטר נאמנות
martial law, military regime	משטר צבאי
austerity regime	משטר צנע
colonial regime	משטר קולוניאלי
dictatorial regime, dictatorship	משטר רודני
capitalistic regime	משטר רכושני
secret police	משטרה חשאית
mobile police	משטרה ניידת
military police	משטרה צבאית
Israel Police Force	משטרת ישראל

bombing task *or* mission	משימת הפצצה
assault task	משימת תקיפה
duration	משך קיום
consignment of arms	משלוח נשק
Government of Israel Supply Mission	משלחת האספקה של ממשלת ישראל
U.S.A. Supply Mission	משלחת הקניות בארצות הברית
Permanent Mission to the European Communities (EEC)	משלחת ישראל ליד הקהיליות האירופיות
aid *or* assistance mission	משלחת סיוע
survey mission	משלחת סקר
military mission	משלחת צבאית
permanent delegation	משלחת קבועה
purchase of arms *or* ammunition mission	משלחת רכש
goodwill mission	משלחת רצון טוב
commanding or dominating ground, fortified position, strongpoint, outpost	משלט
vital outpost or commanding ground	משלט חיוני
crossroads strongpoint	משלט צומת
military significance	משמעות צבאית
fire discipline	משמעת אש
civil guard	משמר אזרחי
border guard or patrol	משמר גבול
color guard	משמר דגל
militia, Home Guard, Haganah	משמר העם
coast guard	משמר חופים
honor guard	משמר כבוד
national guard	משמר לאומי
rear guard	משמר עורפי
deputy secretary–general	משנה למזכיר כללי
civil law	משפט אזרחי
retrial	משפט חוזר
law of the sea	משפט ימי
common law	משפט מקובל
criminal law	משפט פלילי
court martial	משפט צבאי
judicial, legal	משפטי
jurist	משפטן
Israeli economy	המשק הישראלי
national economy	משק לאומי
emergency economy	משק לשעת חירום
U. N. observer	משקיף או"ם

political observer	משקיף מדיני
mineral deposits	משקעי מחצבים
Ministry of Supply and Rationing	משרד האספקה והקיצוב
Ministry of Finance	משרד האוצר
Ministry of Defense	משרד הביטחון
Ministry of Health	משרד הבריאות
Office of Defense Mobilization	משרד הגיוס ההגנתי
Ministry of Religious Affairs	משרד הדתות
Information Office	משרד ההסברה
Ministry for Foreign Affairs	משרד החוץ
Ministry of Education and Culture	משרד החינוך והתרבות
Ministry of Agriculture	משרד החקלאות
Colonial Office	משרד המושבות
Ministry of Commerce and Industry	משרד המסחר והתעשייה
Ministry of Police	משרד המשטרה
Ministry of Justice	משרד המשפטים
Ministry of Oil and Natural Resources	משרד הנפט ואוצרות הטבע
Ministry of Social Welfare	משרד הסעד
Ministry of Labour	משרד העבודה
Ministry of Development	משרד הפיתוח
Ministry of the Interior	משרד הפנים
Central Zionist Office	המשרד הציוני המרכזי
licensing office	משרד הרישוי
probate registry	משרד הרישום לקיום הצוואות
Ministry of Housing	משרד השיכון
Ministry of Communications and Post	משרד התחבורה
Ministry of Tourism	משרד התיירות
Ministry of Communications	משרד התקשורת
Ministry of Immigrant Absorption	המשרד לקליטת עלייה
State Comptroller's Office	משרד מבקר המדינה
Land Registry Office	משרד ספרי האחוזה
Prime Minister's Office	משרד ראש הממשלה
collaborator	משתף פעולה
participating	משתתף
Coordinator of Government Operations in the Administered Territories	מתאם הפעולות בשטחים
Coordinator of Settlement and Civil Defense Problems	מתאם פעולות ההתיישבות והביטחון
U. N. mediator	מתווך מטעם או"ם
favorably	מתוך אהדה
recognizing	מתוך הכרה
with the intention	מתוך כוונה

subject to	מתוך כפיפות
willingly	מתוך רצון
with satisfaction	מתוך שביעות רצון
as amended	המתוקן
price range	מתח מחירים
enemy range	מתחם אויב
defense range	מתחם הגנה
fortified range	מתחם מבוצר
international tension	מתיחות בינלאומית
racial tension	מתיחות גזעית
compatible with	מתיישב עם . . .
moderation, restraint	מתינות
complainant	מתלונן
habitual, persistent	מתמיד
paid work volunteer	מתנדב לעבודה בשכר
volunteers from overseas	מתנדבים מחוץ לארץ
term	מתנה
reasonable, acceptable	מתקבל על הדעת
periodically	מתקופה לתקופה
alarm apparatus	מתקן אזעקה
civil defense installation	מתקן הג"א
pilot plant	מתקן הנחייה
warning installation	מתקן התראה
landing gear	מתקן נחיתה
oil installation	מתקן נפט
military installation	מתקן צבאי
general attack	מתקפה כללית
preventive attack	מתקפת מנע
counter attack	מתקפת נגד
peace offensive	מתקפת שלום
contracting	מתקשר
barricade	מתרס

נ

speech from the throne	נאום הכתר
fiduciary, trustee	נאמן
trusteeship	נאמנות
dual loyalty or allegiance	נאמנות כפולה
Najdah	נג'דה
Governor of the Bank of Israel	נגיד בנק ישראל
northern tier	הנדבך הצפוני

isolation	נבדלות
delegate, elected, representative	נבחר
counter espionage	נגד ריגול
recommended practice or usage	נוהג מומלץ
constitutional procedure	נוהל חוקתי
emergency procedure	נוהל לשעת חירום
battle procedure	נוהל קרב
customs procedures or formalities	נוהלי מכס
notary public	נוטריון ציבורי
American presence	נוכחות אמריקנית
naval presence	נוכחות ימית
military presence	נוכחות צבאית
authentic version or text	נוסח אמת
new version	נוסח חדש
draft text	נוסח טיוטה
obligatory or binding version	נוסח מחייב
decisive text	נוסח מכריע
original text	נוסח מקורי
consolidated version	נוסח משולב
revised version	נוסח מתוקן
summary version	נוסח סיכום
text of amendment	נוסח תיקון
compromise formula	נוסחת פשרה
pioneering fighting youth	נוער חלוצי לוחם
armored troop carrier	נושא גייסות משוריין
ammunition carrier	נושא תחמושת
aircraft carrier	נושאת מטוסים
international liquidity	נזילות בינלאומית
rebuke, reprimand	נזיפה
voluntary landing	נחיתה מרצון
forced landing	נחיתת אונס
emergency landing	נחיתת חירום או דחק
crash landing	נחיתת ריסוק
Wadi Sarrar	נחל שורק
member of Naḥal	נחלאי
marine	נחת
landing craft, tank (LCT)	נחתת טנקים
Natorei Karta, Guardians of the City	נטורי קרתא
abandoned	נטוש
abandonment	נטישה
participate (v.)	נטל חלק
assume or take command (v.)	נטל פיקוד

shipwrecked	נטרף אנייה
concerned, under discussion, at issue	נידון
personnel administration or management	ניהול כוח אדם
conduct of war	ניהול מלחמה
wireless navigation or piloting	ניווט אלחוטי
New Zealand	ניו-זילנד
monitoring	ניטור
armed neutrality	ניטרליות מזויינת
operational mobility	ניידות אופרטיבית
social mobility	ניידות חברתית
police patrol	ניידת משטרה
recognized securities	ניירות ערך מוכרים
government securities	ניירות ערך ממשלתיים
tax deduction	ניכוי מיסים
international etiquette or practice	נימוס בינלאומי
diplomatic amenities	נימוסים דיפלומאטיים
reasonable grounds	נימוקים סבירים
formulation	ניסוח
atomic experiment or test	ניסוי גרעיני
professional experience	ניסיון מקצועי
social mobility	ניעות חברתית
survivor of the Holocaust	ניצול השואה
exploitation or misuse of privileges	ניצול לרעה של זכויות
utilization of terrain	ניצול פני השטח
decisive victory	ניצחון מכריע
ᶜAujat al-Ḥafīr	ניצנה
canal clearance	ניקוי התעלה
civil marriage	נישואים אזרחיים
pilotage, routing	ניתוב
breaking off diplomatic relations	ניתוק יחסים דיפלומטיים
voidable	ניתן להיבטל
obtainable	ניתן להשגה
controllable	ניתן לפיקוח
war disabled	נכה מלחמה
disabled by fighting the Nazis	נכי המלחמה בנאצים
disabled by Nazi persecutions	נכי רדיפות הנאצים
rediscount	נכיון משנה
come or enter into force (v.)	נכנס לתוקף
immovable property	נכסי דלא ניידי
movable property	נכסי דניידי או מטלטלין
Waqf property or assets	נכסי הווקף
state domain	נכסי ממשלה

[88]

absentee property	נכסי נפקדים
mortgaged assets	נכסים משועבדים
alien	נכרי
port of embarkation	נמל הפלגה
Pearl Harbor	נמל הפנינים
port of call	נמל חנייה
port of destination	נמל ייעוד
Ben–Gurion Airport	נמל תעופה בן–גוריון
abstaining	נמנע
under consideration or discussion	נמצא בדיון
exceptional circumstances	נסיבות יוצאות–מן–הכלל
gradual retreat or withdrawal	נסיגה הדרגתית או מודרגת
unilateral withdrawal	נסיגה חד–צדדית
partial withdrawal	נסיגה חלקית
retreat or withdrawal without pressure	נסיגה ללא–לחץ
unconditional retreat	נסיגה ללא–תנאי
full retreat	נסיגה מלאה
meaningful or significant retreat	נסיגה משמעותית
retreat or withdrawal under pressure	נסיגה תחת לחץ
tactical withdrawal	נסיגה תכסיסית
Crown Prince	נסיך הכתר
Persian Gulf States	נסיכויות המפרץ הפרסי
duly authorized	נסמך כהלכה
attaché, enclosure, annexe	נספח
air attaché	נספח אווירי
agricultural attaché	נספח חקלאי
naval attaché	נספח ימי
economic attaché	נספח כלכלי
information attaché	נספח להסברה
press attaché	נספח לעיתונות
scientific attaché	נספח מדעי
labor attaché	נספח עבודה
military, naval and air attaché	נספח צבאי, ימי ואווירי
cultural attaché	נספח תרבותי
addenda, appendices	נספחות
missing person	נעדר
done at	נערך ב . . .
gas casualty	נפגע גז
war casualty	נפגע מלחמה
border casualty	נפגע ספר
battle casualty	נפגע קרב
subdistrict	נפה

fallout	נפולת
crude oil	נפט גלמי
napalm	נפלם
absentee, missing person	נפקד
commissioner of prisons	נציב בתי–הסוהר
Commissioner General	נציב כללי
Income Tax and Property Tax Commission	נציבות מס הכנסה ומס רכוש
Soldiers' Complaints Commissioner	נציבות קבילות חיילים
Civil Service Commission	נציבות שירות המדינה
apostolic delegate or representative	נציג אפוסטולי
diplomatic representative	נציג דיפלומטי
consular representative	נציג קונסולרי
resident representative	נציג תושב
diplomatic mission or representation	נציגות דיפלומטית
special mission	נציגות מיוחדת
Israel Permanent Mission to the United Nations	נציגות הקבע של ישראל ליד האומות המאוחדות
Nazareth	נצרת
designated, stipulated	נקוב
checkpoint	נקודת ביקורת
jumping off point	נקודת זינוק
point of departure	נקודת יציאה
reference point	נקודת מוצא או ציון
focal point	נקודת מוקד
point for negotiation	נקודת מיקוח
turning point	נקודת מפנה
fixed point	נקודת קבע
observation point	נקודת תצפית
take all means (v.)	נקט בכל האמצעים
apply sanctions (v.)	נקט עיצומים
take a stand, adopt a position (v.)	נקט עמדה
démarche, take measures	נקיטת צעדים
revengefulness, vindictiveness	נקמנות
negotiate (v.)	נשא ונתן
atomic fallout	נשורת אטומית
radio active fallout	נשורת רדיו אקטיבית
presidency	נשיאות
amphibian arms	נשק אמפיבי
strategic arms	נשק אסטראטגי
nuclear or atomic weapons	נשק גרעיני
bacteriological weapons	נשק בקטריולוגי

attack weapons	נשק התקפה
defensive arms or weapons	נשק מגן
auxiliary or supporting weapons	נשק מסייע או סיוע
deterrent weapons	נשק מרתיע
flat trajectory weapon	נשק שטוח מסלול
curved trajectory weapon	נשק תלול מסלול
defendant, respondent	נתבע
endangered	נתון בסכנה
demographic data	נתונים דימוגרפיים
up–to–date data	נתונים מעודכנים
statistical data	נתונים סטטיסטיים
Via Dolorosa	נתיב היסורים
flight path	נתיב טיסה
international waterway	נתיב מים בינלאומי
vital waterway	נתיב מים חיוני
continental waterway	נתיב מים פנים יבשתי
routes of communication	נתיבי תעבורה
British subject	נתין בריטי
foreign subject	נתין זר
dual citizenship or nationality	נתינות כפולה
duly designated	נתמנה כהלכה
consider, pay heed (v.)	נתן את הדעת
give notice (v.)	נתן הודעה
cooperate (v.)	נתן יד

ס

diplomatic corps	סגל דיפלומטי
training corps	סגל הדרכה
lieutenant colonel, colonel	סגן אלוף
assistant director general	סגן מנהל כללי
assistant battalion commander	סגן מפקד גדוד
assistant brigade commander	סגן מפקד חטיבה
second lieutenant	סגן משנה
assistant solicitor general or state attorney	סגן פרקליט המדינה
undersecretary	סגן שר
order of precedence	סדר בכורה
criminal law procedure	סדר הדין הפלילי
agenda	סדר היום
public order	סדר ציבורי
battle order	סדר קרבי
series	סדרה

security arrangements or procedures	סדרי בטיחות
civil law procedures	סדרי דין אזרחיים
customs procedures	סדרי מכס
agreements series	סדרת הסכמים
Red Crescent	הסהר האדום
Fertile Crescent	הסהר או הסהרון הפורה
Suez	סואץ
Supreme Soviet	הסובייט העליון
Sudan	סודאן
secret service agent	סוכן השירות החשאי
secret agent	סוכן חרש
double agent	סוכן כפול
intelligence agent	סוכן מודיעין
authorized agent	סוכן מוסמך
consular agent	סוכן קונסולרי
executing or operating agency	סוכנות ביצוע או מבצעת
space agency	סוכנות החלל
Jewish Agency	הסוכנות היהודית
Palestine Telegraphic Agency	סוכנות טלגרפית ארץ ישראלית
news agency	סוכנות ידיעות
central intelligence agency	סוכנות מודיעין מרכזית
specialized agency	סוכנות מיוחדת
participating agency	סוכנות משתתפת
Arab solidarity	סולידאריות ערבית
artillery battery	סוללת ארטילריה
shore battery	סוללת חוף
missile or rocket battery	סוללת טילים
artillery battery	סוללת תותחים
Greater Syria	סוריה רבתי
inconsistent	סותר
blackmail, extortion	סחטנות או סחיטה
international trade	סחר בינלאומי
fair trade	סחר הוגן
free trade	סחר חופשי
foreign trade	סחר חוץ
frontier traffic	סחר ספר
slave trade, traffic in slaves	סחר עבדים
domestic trade	סחר פנים
status quo	סטאטוס–קוו
another round	סיבוב נוסף
second round	סיבוב שני
settlement of title	סידור זכות קניין

resolving a conflict	סידור סכסוך
land settlement	סידור קרקעות
appeals procedures	סידורי ערעורים
special arrangements	סידורים מיוחדים
indirect air support	סיוע אוויר עקיף
security support	סיוע בטחוני
defensive support	סיוע הגנתי
mutual support	סיוע הדדי
assault or attack support	סיוע התקפי
foreign aid	סיוע חוץ
technical assistance	סיוע טכני
economic aid	סיוע כלכלי
financial aid or assistance	סיוע כספי
military aid	סיוע צבאי
air reconnaissance	סיור אוויר
strategic reconnaissance	סיור אסטרטגי
tactical reconnaissance	סיור טקטי
photographic reconnaissance	סיור צילום
restriction	סייג
reconnaissance boat, battle cruiser, flight of reconnaissance planes	סיירת
missile or rocket cruiser	סיירת טילים
helicopter carrying cruiser	סיירת נושאת מסוקים
foiling penetration attempt	סיכול נסיון חדירה
foiling a conspiracy	סיכול קשר
acte final	סיכום
summary records	סיכום זכרונות דברים
settlement of accounts	סילוק חשבונות
renunciation or renouncement of one's rights	סילוק יד
mine disposal or removal	סילוק מוקשים
reference	סימוכין
recognition mark, identification feature	סימן היכר
conventional sign	סימן מוסכם
trademarks	סימני מסחר
Nationalist China	סין הלאומנית
Communist China	סין הקומוניסטית
party faction	סיעה מפלגתית
Labor Party	סיעת הלייבור
annexation	סיפוח
lifeboat	סירת הצלה
torpedo boat	סירת טורפדו
reconnaissance boat	סירת סיור

[93]

manned explosion boat	סירת נפץ מאויישת
guided explosion boat	סירת נפץ מונחית
attack boat	סירת תקיפה
potential danger	סכנה בכוח
radiation danger	סכנת קרינה
armed conflict	סכסוך מזויין
Arab–Israeli conflict	הסכסוך הערבי ישראלי
border conflicts or disputes	סכסוכי גבולות
Aswan Dam	סכר אסואן
barrage dam	סכר מחסום
(illegal) arms cache	סליק
Petra	סלע אדום
dangerous drugs	סמים מסוכנים
full or plenipotentiary powers	סמכויות מלאות
consular jurisdiction	סמכויות קונסולים
authority, competency, term of reference	סמכות
lawful authority	סמכות חוקית
excess of competence	סמכות יתר
general authority	סמכות כללית
consultative capacity	סמכות מייעצת
complete and exclusive authority or jurisdiction	סמכות מלאה ובלעדית
supreme authority	סמכות עליונה
consular authority	סמכות קונסולרית
discretionary power	סמכות שבשיקול דעת
jurisdiction	סמכות שיפוט או שיפוטית
emblem, symbol	סמל
trade mark	סמל מסחרי
economic sanctions	סנקציות כלכליות
adequate sanctions	סנקציות נאותות
article, paragraph, section, clause	סעיף
subsection	סעיף משנה
paragraph, subparagraph, subsection	סעיף קטן
Black September	ספטמבר השחור
amphibian ship	ספינה אמפיבית
intelligence boat	ספינת ביון
towboat, tugboat	ספינת גרר
salvage or wrecking tub	ספינת גרירה חולצת
supply boat	ספינת הספקה
torpedo boat	ספינת טורפדו
missile boat	ספינת טילים
escort vessel	ספינת ליווי

coast guard boat	ספינת משמר החופים
armed guard boat	ספינת משמר מזויינת
landing boat	ספינת נחיתה
reconnaissance boat	ספינת סיור
auxiliary vessel	ספינת עזר
invasion boat	ספינת פלישה
supply ship	ספקת
border, frontier	ספר
White Book	הספר הלבן
Spain	ספרד
separatism	ספרטיזם
civil sector	סקטור אזרחי
Arab sector	סקטור ערבי
private sector	סקטור פרטי
public sector	סקטור ציבורי
national survey	סקר ארצי
certificate	סרטיפיקט
surprise screening	סריקת פתע
staff captain	סרן מטה
preliminary survey	סקר מוקדם

ע

relief works	עבודות דחק
public works	עבודות ציבוריות
forced labor, corvée	עבודת כפייה
penal work	עבודת עונשין
extraditable offense	עבירה בת–הסגרה
repeated offense	עבירה חוזרת
political offense	עבירה מדינית
fiscal offense	עבירה פיסקלית
criminal act	עבירה פלילית
military offense	עבירה צבאית
transcontinental	עבר יבשתי
Transjordan	עבר הירדן
political criminal	עבריין פוליטי
juvenile delinquency	עבריינות הנוער
Oriental communities	עדות המזרח
fire superiority	עדיפות אש
public servant	עובד ציבורי
presumption of fact	עובדה שבחזקה
civil servants, state employees	עובדי המדינה

Nitsana	עוג'ת–אל–חפיר
food surpluses	עודפי מזון
agricultural products surpluses	עודפי תוצרת חקלאית
military surpluses	עודפים מלחמתיים
potential immigrant	עולה בכוח
pilgrim	עולה רגל
Oman	עומאן
operational depth	עומק אופרטיבי
strategic depth	עומק אסטראטגי
capital punishment	עונש מוות
disciplinary punishment	עונש משמעתי
collective punishment	עונש קולקטיבי או קיבוצי
reserve regiment	עוצבת מילואים
assault regiment	עוצבת סער
armored regiment	עוצבת שריון
land power	עוצמה יבשתית
military strength	עוצמה צבאית
fire power	עוצמת אש
penetration power	עוצמת חדירה
regent	עוצר
curfew	עוצר
house arrest	עוצר בית
general curfew	עוצר כללי
original copies	עותקי מקור
Gaza	עזה
mutual assistance	עזרה הדדית
encouragement of capital investments	עידוד השקעות הון
encouragement of tourism	עידוד התיירות
nuclear age	עידן הגרעין
development town	עיירת פיתוח
casus belli	עילה למלחמה
common cause	עילה כללית
interblock confrontation	עימות בינגושי
global confrontation	עימות גלובאלי
nuclear confrontation	עימות גרעיני
direct confrontation	עימות ישיר
military confrontation	עימות צבאי
sanctions	עיצומים
sequestration, foreclosure, attachment, garnishment	עיקול
Old City (of Jerusalem)	העיר העתיקה
Holy City, Jerusalem	עיר הקודש
Iraq	עיראק

official'gazette	עיתון רשמי
foreign correspondent	עיתונאי חוץ
censored press	עיתונות מצונזרת
Acre	עכו
notwithstanding	על אף
on its own initiative	על דעת עצמו/ה
in any case, in any event	על כל פנים
under or according to the law	על פי הדין
Alawites	עלאווים
immigrate (to Israel) (v.)	עלה ארצה
air superiority or supremacy	עליונות אווירית
[wave of] immigration	עלייה
illegal immigration or Aliyah "Bet"	עלייה ב' או עלייה בלתי ליגלית
mass immigration	עלייה המונית
Jewish immigration	עלייה יהודית
pilgrimage	עלייה לרגל
internal immigration	עלייה פנימית
Youth Aliyah or immigration	עליית הנוער
rescue immigration	עליית הצלה
continue in effect, remain in force (v.)	עמד בתוקף
economic position	עמדה כלכלית
rear position	עמדה עורפית
forward position	עמדה קדומנית
outpost	עמדה קדמית
position of strength	עמדה של כוח
enemy position	עמדת אויב
control post	עמדת ביקורת
listening post	עמדת האזנה
defensive position	עמדת הגנה
assault position	עמדת הסתערות
assault position	עמדת זינוק
covering position	עמדת חיפוי
position of strength	עמדת כוח
bargaining position	עמדת מיקוח
key position	עמדת מפתח
command post	עמדת פיקוד
sniping post	עמדת צליפה
battle position	עמדת קרב
observation post	עמדת תצפית
listening post	עמדת תשמוע
commission, charge	עמלה

Jordan Valley	עמק הירדן
Hula Basin	עמק חולה
Valley of Jezreel	עמק יזרעאל
arbitration matters	ענייני בוררות
Training and Information Branch	ענף הדרכה והסברה
Authority and Discipline Branch	ענף משטר ומשמעת
exchange transaction	עסקת חליפין
barter transaction	עסקב מיר
arms deal	עסקת נשק
petition	עצומה
administrative detainee	עצור מנהלי
political detainee	עצור פוליטי
Kenya detainees	עצורי קניה
civilian detainee or internee	עציר אזרחי
administrative internee	עציר מנהלי
political internee	עציר פוליטי
economic independence	עצמאות כלכלית
mass meeting	עצרה
United Nations Assembly	עצרת האו"ם
The General Assembly	העצרת הכללית
emergency assembly	עצרת חירום
displaced person	עקור
principles of war	עקרונות מלחמה
equity	עקרונות יושר
Saudi Arabia	ערב הסעודית
American guarantee	ערובה אמריקנית
political guarantee	ערובה מדינית
legal guarantee	ערובה משפטית
military guarantee	ערובה צבאית
in good and due form	ערוך כהלכה ובצורה הנכונה
development cities	ערי פיתוח
deserter, fugitive	עריק
nominal, face, or par value	ערך נקוב
legal instance	ערכאה שיפוטית
civil appeal	ערעור אזרחי
criminal appeal	ערעור פלילי
income tax appeal	ערעור פקיד שומה
appeal	ערר
strategic reserve	עתודה אסטרטגית
academic reserve	עתודה אקדמית
mobile reserve	עתודה ניידת
fighting reserve	עתודה קרבית

Ittim–Reuters	עתי"ם–רויטרס
Ittim–Israel Unified News Service	עתונות ישראלית מאוגדת
petition	עתירה

פ

feudal	פאודאלי
Pakistan	פאכיסתאן
cease to be effective (v.)	פג תוקף
incendiary shell	פגז הצתה
armor piercing shell	פגז חודר שריון
tracer shell	פגז נותב
malicious injury	פגיעה בכוונה רעה
direct hit	פגיעה ישירה
Knesset recess	פגרת הכנסת
redemption of prisoners	פדיון שבויים
Federation of Arab Republics	פדרצית הרפובליקות הערביות
lull	פוגה
pogrom	פוגרום
civilian potential	פוטנציאל אזרחי
military potential	פוטנציאל צבאי
putsch	פוטש
raider	פושט
war criminal	פושע מלחמה
fugitive criminal	פושע עריק
Nazi War Criminals	פושעי מלחמה נאציים
reciprocal exemption	פטור גומלין
exemption from seizure	פטור מטרפה
petition — voeux	פטיציה עצומה
petition plainte	פטיציה קובלנה
covering patrol	פטרול חיפוי
reconnaissance patrol	פטרול חרש
combat patrol	פטרול לוחם
reconnaissance patrol	פטרול סיור
P.E.C. Israel Economic Corporation	פי.אי.סי. החברה הכלכלית לישראל
fedayeen	פידאיון
appeasement, conciliation	פיוס
population dispersal	פיזור אוכלוסין
currency devaluation	פיחות מטבע
reciprocal exemption	פיטור גומלין
evacuation by air	פינוי בדרך האוויר

[99]

פינוי בכוח	evacuation or eviction by force
פינוי הדרגתי	gradual evacuation
פינוי מוקשים	mine clearing
פיצוח גרעיני	nuclear fission
פיצוי נזקי מלחמה	war damage compensation
פיצויי פיטורים	dismissal compensation, severance pay
פיצויי פרישה	severance compensation
פיצוץ גרעיני	nuclear explosion
פיצוץ מימני	hydrogen explosion
פיקא	PICA — Palestine Jewish Colonization Association
פיקדון במטבע זר	foreign currency deposit
פיקדון לזמן קצוב	fixed–term deposit
פיקדון מאושר למתן הלוואות	authorized deposits for granting loans
פיקדון עובר ושב	current deposit
פיקוד האוויר	air command
פיקוד הדרכה	training command
פיקוד חופים	coastal command
פיקוד מרחבי	territorial command
פיקוד ערבי משותף	combined Arab command
פיקוח חברתי	social supervision
פיקוח מיוחד	special supervision
פיקוח משטרתי	police supervision
פיקוח על המטבע	currency control
פיקוח פרלמנטרי	parliamentary supervision
פיקוח רשמי	official supervision
פיראטיות	piracy
פירוז אטומי	atomic demilitarization
פירוז מנשק גרעיני	nuclear arms demilitarization
פירוז סיני	demilitarization of Sinai
פירוק זיין או נשק	disarmament
פירוק מרצון	voluntary disarmament
פישור	conciliation
פיתוח אנרגיה אטומית	atomic energy development
פיתרון סופי	Final Solution (Endloesung)
פלביסציט	plebiscite
פלוגות מחץ	striking force, Palmach
פלוגות סער	storm troops
פלוגת הובלה	transport company
פלוגת הנדסה	engineering company
פלוגת מבצע	Einsatzkomando

פלוגת מפקדה	headquarters company
פלוגת סיור	reconnaissance patrol
פלוגת קשר	communications company
פלוגת שירות	service company
פלוגתא	dispute, controversy
פלורליסטי	pluralistic
פליט ערבי	Arab refugee
פליטי הנאצים	Nazi refugees
פליטי מלחמה	war refugees
פלישה פיננסית	financial invasion
פמלייה	entourage, retinue
פן–איסלאמי	Pan–Islamic
פן–אמריקני	Pan–American
פנקס בוחרים	register of voters
פנקס זהות	identity card
פנקס מעבר	carnet
הפסגה הערבית	Arab summit
פסולת רדיואקטיבית	radio–active waste
פסיקות נכר	expatriation allowances
פסלות	disqualification, ineligibility
פסק	decree
פסק בוררות	arbitral award
פסק–דין	decision, judgment, verdict
פסקה	paragraph, sub–paragraph
הפעולה השמית	Semitic Action
פעולה חתרנית	subversive action
פעולה מנהלית	administrative action
פעולה משטרתית	police action
פעולה עויינת	hostile action
פעולה צבאית משולבת	combined military operation
פעולה תוקפנית	aggressive or offensive action
פעולות איבה	acts of hostilities or hostilities
פעולות גישוש	exploratory or reconnaissance actions
פעולות הצלה	rescue operations
פעולות הפלייה	discriminatory actions
פעולות מנע	preventive actions
פעולות משולבות	combined operations
פעולות ענישה	punitive actions
פעולות שיטור	police actions
פעולות תגובה	retortion
פעולת איגוף	outflanking action
פעולת הרתעה	deterrent action

interaction	פעולת גומלין
diversionary action	פעולת הסחה
act of sedition or incitement	פעולת הסתה
act of sabotage	פעולת חבלה
prestige action	פעולת יוקרה
act of occupation	פעולת כיבוש
preventive action	פעולת מנע
counteraction	פעולת נגד
punitive action	פעולת עונשין
espionage act	פעולת ריגול
reprisal, retaliation	פעולת תגמול
defense activeness	פעילות הגנתית
subversive activity	פעילות חתרנית
political activity	פעילות מדינית
underground activity	פעילות מחתרתית
decode, decipher, decrypt (v.)	פענח
inflationary gap	פער אינפלציוני
deflationary gap	פער דפלציוני
social gap	פער חברתי
pacifist	פציפיסט
atomic bomb	פצצה אטומית
incendiary bomb	פצצה מציתה
antipersonnel bomb	פצצה נגד אדם
delayed action bomb	פצצה שהה
air bomb	פצצת אוויר
gas bomb	פצצת גז
time bomb	פצצת זמן
hydrogen bomb	פצצת מימן
napalm bomb	פצצת נפלם
fragmentation bomb	פצצת רסק
time bomb	פצצת שעון
incendiary bomb	פצצת תבערה
treasury deposits	פקדונות האוצר
time deposits	פקדונות לזמן קצוב
demand deposits	פקדונות לפי דרישה
foreign currency deposits	פקדונות מטבע חוץ
government deposits	פקדונות ממשלה
current deposits	פקדונות עובר ושב
ordinance, command, order	פקודה
military order	פקודה צבאית
standing operating procedures (SOP)	פקודות קבע לקרב
order of the day	פקודת היום

Land Transfer Ordinance	פקודת העברת קרקעות
detention order or warrant of arrest	פקודת מעצר
traffic order	פקודת תעבורה
senior officials	פקידים בכירים
cease to be in force (v.)	פקע כוח
cease to be valid (v.)	פקע תוקף
provocative	פרובוקטיבי
Jerusalem Corridor	פרוזדור ירושלים
additional protocol	פרוטוקול נוסף
protocole annexe	פרוטוקול נספח
final protocol	פרוטוקול סופי
optional protocol	פרוטוקול שברשות
protocol of provisional application	פרוטוקול של החלה זמנית
economic protectionism	פרוטקציוניזם כלכלי
project	פרוייקט
civil procedure	פרוצידורה אזרחית
criminal procedure	פרוצידורה פלילית
air force cadets	פרחי טייס
officer cadets	פרחי קצינים
aside from, other than, except as, with exception of	פרט ל . . .
partisan, guerilla	פרטיזן
productivity	פריון עבודה
deployment	פריסה
parliament	פרלמנט
Persia	פרס
present compliments, send regards (v.)	פרס בשלום
official publications	פרסומים רשמיים
disarm (v.)	פרק מנשק
attorney general, state attorney	פרקליט המדינה
chief judge advocate	פרקליט צבאי ראשי
Euphrates	פרת
airborne raid	פשיטה מוטסת
night raid	פשיטת לילה
retaliatory raid	פשיטת תגמול או גמול
compromise	פשרה
modus vivendi	פשרת שעה
Fatwa	פתווה
Fataḥ	פתח
open fire (v.)	פתח באש
Raffah approaches	פתחת רפיח
preamble	פתיחה

פתרון בר-קיימא	stable solution
פתרון כפוי	forced solution
פתרון נאות	appropriate solution
פתרון פשרה	compromise solution

צ

צבא הגנה לישראל	Israel Defence Force
צבא-הצי	Marine Corps
צבא כיבוש	army of occupation
צבא מילואים	reserves
צבא מקצועי	professional army
צבא מתנדבים	volunteer army
צבא סדיר	standing army
צבא עזר	auxiliary forces
צבא פרטיזנים	partisan army
צבא קבע	regular army
צבא שחרור	liberation army
צבאי למחצה	paramilitary
צד לוחם	belligerent
צד מתקשר	contracting party
צו	order
צו איסור	prohibition
צו ביניים	interim order
צו בירור	interim order
צו גיוס	call-up, or mobilization order
צו גירוש	expulsion order
צו החלטי	decree, or order absolute
צו המלך במועצתו	King's Order-in-Council
צו הסגרה	extradition order
צו הפקעת קרקע	land expropriation order
צו חיפוש	search warrant
צו מניעה	injunction, restraining injunction, injunction order
צו מניעה זמני	interim injunction
צו מעצר	warrant of detention
צו עיכוב	delaying warrant
צו על-תנאי	order nisi
צו עשה	mandamus
צו עשה זמני	temporary restraining injunction
צו פינוי	evacuation or eviction order
צו פירוק	liquidation order

battle order	צו קרב
emergency order	צו שעת חירום
air crew	צוות אוויר
maintenance crew	צוות אחזקה
operational crew or group	צוות מבצעי
observers crew	צוות משקיפים
task force	צוות משימה
combat team	צוות קרב
ground crew	צוות קרקע
nuclear submarine	צוללת גרעינית
D.S.R.V.	צוללת חילוץ
attack submarine	צוללת תקיפה
road junction	צומת דרכים
code	צופן
Tyre	צור
emergency fleet	צי חירום
navy	צי מלחמה
merchant fleet or navy	צי סחר
submarine fleet	צי–צוללות
Sidon	צידון
training equipment	ציוד אימונים
electronic equipment	ציוד אלקטרוני
amphibian equipment	ציוד אמפיבי
irradiation equipment	ציוד הקרנה
equipment and supplies	ציוד ומלאי
escape equipment	ציוד מילוט
crossing equipment	ציוד צליחה
field equipment	ציוד שדה
commendation	ציון לשבח
Zion	ציון
Zionism	ציונות
submarine chaser	ציידת צוללות
Zim–Israel Navigation Company Ltd.	צים — חברת השייט הישראלית בע"מ
fuel pipe	צינור דלק
proper diplomatic channels	צינורות דיפלומטיים נאותים
official channels	צינורות רשמיים
delegate	ציר
access road	ציר גישה
axis of attack	ציר התקפה
minister — counsellor	ציר יועץ
minister plenipotentiary	ציר מוסמך

ציר מיועד	minister designate
צירות	legation
הצלב האדום	Red Cross
צלב צבאי	Military Cross
צלב הקרס	swastika
צליחה בכוח	forced crossing
צליין	pilgrim
צמוד לדולר	dollar linked
צמוד למדד יוקר המחיה	linked to cost of living
צנזורה לדואר ולתברוקה	Mail and Telegraph Censorship
צנזר	censor
צעד בטחוני	security move
צעד חירום	emergency step
צעדי הרתעה	deterring measures
צעדת ארבעת הימים	Four Day March
צעדת ניצחון	victory parade
צפיפות אוכלוסייה	population density
צפירת אזעקה	alarm siren
צפיפות אש	fire density
צפת	Safed
צרור יריות	burst of shots or fire
צ'רטר	charter
צריכה פרטית	private consumption
צריכה ציבורית	public consumption
צריכת דלק	fuel consumption
צריפין	Sarafand
צרפת	France

ק

קאדי	Kadi
קבוצת לחץ	pressure group
קבוצת משימה	task force
קבוצת מתאבדים	suicide squad
קבילה	complaint
קבינט	cabinet
קביעת מדיניות	policy making
הקבר הקדוש	The Holy Sepulchre
קבר ישו	Sepulchrum Domini
קדם צבאי	pre–military
קדמה כלכלית	economic progress
קדנציה	term

Tel Qudeira, Qudeirat	קדש ברנע
commonwealth	קהילייה
Dominican Republic	הקהילייה הדומיניקנית
Malagasi Republic	הקהילייה המלגאשית
Central African Republic	הקהילייה המרכז אפריקנית
United Arab Republic	קהילייה ערבית מאוחדת
Cairo	קהיר
supply line	קו אספקה
line of fire, fighting line	קו אש
nuclear safety line	קו בטיחות גרעיני
defense line	קו הגנה
frout line	קו החזית
Green Line (Rhodes Armistice Lines)	הקו הירוק
Violet Line (Lines after October War)	הקו הסגול
ceasefire line	קו הפסקת אש
separation line	קו הפרדה
International Date Line	קו התאריך הבינלאומי
line of retreat or withdrawal	קו נסיגה
confrontation line	קו עימות
armistice demarcation line	קו שביתת נשק
observation–target line	קו תצפית — מטרה
representative coalition	קואליציה מייצגת
complaint, protest	קובלנה
proceedings	קובץ דיונים
international code	קוד בינלאומי
encode (v.)	קודד
ceasefire lines	קווי הפוגה
demarcation lines	קווי תיחום
quorum	קוורום
commonwealth	קומונוולת
Comintern	קומינטרן
Cominform	קומינפורם
independence, sovereignty	קוממיות
naval commando	קומנדו ימי
American Jewish Congress	הקונגרס היהודי האמריקאי
Zionist Congress	הקונגרס הציוני
condominium	קונדומיניון
counterrevolutionary	קונטר מהפכניים
Consulate General	קונסוליה כללית
consortium	קונסורציום
constitution	קונסטיטוציה
confederation	קונפדרציה

conflict	קונפליקט
confrontation	קונפרונטציה
mutual or provident fund	קופת גמל
sick fund	קופת חולים
Palestine Worker's Fund	קופת פועלי ארץ ישראל
provident fund	קופת תגמולים
Koran	קוראן
corvette	קורבטה
diplomatic corps	קורפוס דיפלומאטי
kushan (certificate of property registration)	קושאן
Istanbul	קושטא
casus belli	קזוס בללי
ingathering of the exiles	קיבוץ גלויות
martyrdom, sanctification of the Holy Name	קידוש השם
maintenance of peace	קיום השלום
coexistence	קיום יחד
sovereign existence	קיום ריבוני
probate of will	קיום צוואה
implement a decision (v.)	קיים החלטה
hold consultation (v.)	קיים התייעצות
hold a meeting (v.)	קיים ישיבה
hold conversations (v.)	קיים שיחות
deprivation of rights	קיפוח זכויות
food rationing	קיצוב מזון
economic absorption	קליטה כלכלית
emergency absorption	קליטת חירום
absorption of immigration	קליטת עלייה
atomic warhead	קליע אטומי
training projectile	קליע אימון
dumdum bullet	קליע דום–דום
armor piercing bullet or shot	קליע חודר שריון
guided missile	קליע מונחה או מודרך
self–propelled missile	קליע מתנייע
tracer bullet	קליע נותב
plot	קנוניה
collective fine or penalty	קנס קיבוצי
capitulation	קפיטולציה
Cyprus	קפריסין
rate of fire	קצב אש
cost–of–living allowance	קצובת יוקר מחיה
subsistence allowance	קצובת מחייה
senior officers' corps	קצונה בכירה

general staff officer	קצין אגף מטה
supply officer	קצין אספקה
recruiting officer	קצין גיוס
training officer	קצין הדרכה
sergeant–at–arms	קצין הכנסת
chief or ordnance	קצין חימוש ראשי
education officer	קצין חינוך
operations officer	קצין מבצעים
intelligence officer	קצין מודיעין
staff officer	קצין מטה
reserve officer	קצין מילואים
provost marshal	קצין משטרה צבאית
welfare officer	קצין סעד
signal officer	קצין קשר
liaison officer	קצין קישור
officer of the day	קצין תורן
artillery officer	קצין תותחנים
observation officer	קצין תצפית
air battle	קרב אוויר
decisive battle	קרב מכריע
close combat, hand–to–hand fighting	קרב פנים–אל–פנים
fighting in progress	קרבות נטושים
holocaust victim (of Nazis)	קרבן השואה
war victim	קרבן מלחמה
oil cartel	קרטל הנפט
first reading	קריאה ראשונה
criterion	קריטריון
Vatican City	קריית הוותיקאן
radioactive radiation	קרינה רדיו אקטיבית
Horn of Africa	קרן אפריקה
war damage insurance	קרן ארנונה
Yishuv fund	קרן היישוב
Keren Hayesod — United Israel Appeal	קרן היסוד — המגבית המאוחדת לישראל
Israel–American Joint Fund	הקרן הישראלית–אמריקנית המשותפת
defense fund	קרן המגן
Israel Defence Voluntary Fund	קרן התנדבותית לביטחון ישראל
Israel America Culture Fund	קרן התרבות אמריקה–ישראל
trust fund	קרן נאמנות
aid or assistance fund	קרן סיוע
welfare fund	קרן סעד
compensation fund	קרן פיצויים

קרן קיימת לישראל	Jewish National Fund
קרנות חליפין	exchange funds
קרנות לאומיות	national funds
קרנות נאמנות	trust funds
קרנות פיתוח	development funds
קרנות שמורה	reserve funds
קרנות תמורה	counterpart funds
קרקעית הים	seabed
קרקעות הממשלה	public domain
קרש קפיצה	springboard
קשיי תמסורת	transmission difficulties
קשירת קשר למרד	conspiracy
קשר נגד	counter plot
קשרי חוץ	foreign relations or ties
קשרי רחק	telecommunication
קשרים דיפלומאטיים	diplomatic relations

ר

ראה בדאגה	view with concern (v.)
ראה בחומרה	view seriously (v.)
ראה כחשוב	deem essential (v.)
ראה לנכון	see fit (v.)
ראייה חותכת	conclusive evidence
ראייה לכאורה	prima facie evidence
ראייה נסיבתית	circumstantial evidence
ראיית חזקה	presumptive evidence
ראיית משנה	secondary evidence
ראש גשר	bridgehead
ראש הטכס או הטקס	chief of protocol
ראש המטה הכללי	chief of general staff
ראש הנקרה	Ras An–Naqura
ראש חץ גרעיני	nuclear warhead or spearhead
ראש ממשלה	prime minister, premier
ראש משלחת	chief of delegation or mission
ראש נפץ גרעיני	nuclear warhead
ראש נציגות	head of mission
ראשות	chairmanship
ראשי תיבות	initials
רב אלוף	lieutenant general, major general
רב חובל	captain, shipmaster
רב משימתי	multipurpose

רב סרן	major, captain
רב–צדדי	multilateral
רבנות צבאית	army chaplaincy
הרבנות הראשית לישראל	Chief Rabbinate
רבת עמון	Amman
רדאר חיפוש ועיקוב	search and follow–up radar
רוב מוחלט	absolute majority
רובה רימון נגד טנקים	antitank rifle grenade
רודוס	Rhodes
רודן	autocrat, tyrant, dictator
רווחה סוציאלית	social welfare
רווחי הון	capital gain
רווחי חברות	company profits
רוזן	viscount, vicomte
רוח לחימה	fighting spirit
רזרבה כללית	general reserve
רטרואקטיבית	retroactively
ריבוי טבעי	natural growth or increase
ריבונות	sovereignty
ריבונות אווירית	air superiority
ריבונות טריטוריאלית	territorial sovereignty
ריגול נגד או נגדי	counterespionage
ריכוז אש	fire concentration
ריכוז צבא	concentration of troops
רימון הצתה	incendiary grenade
רימון התקפה	offensive grenade
רימון חנ"ם	high explosive grenade
רימון רסס	fragmentation grenade
ריסון מוניטרי	monetary restraint
רישוי	licensing
רישום תושבים	registration of residents
רישום חובה	obligatory registration
רכב אמפיבי	amphibious vehicle
רכב זחלי	fulltrack vehicles, tracked vehicles
רכב חילוץ משוריין	armored rescue vehicle
רכב חצי זחלי או זחלי למחצה	half–tracked vehicle
רכב פיקוד	command vehicle
רכב קרב	tactical vehicle
רכב קרב משוריין	armored fighting vehicles
רכוש המדינה	state property
רכוש מולאם	nationalized property
רכוש נטוש	abandoned property

Ramadan	רמדאן
Golan Height	רמת הגולן
living standard	רמת מחייה
preventative medicine	רפואה מונעת
Rafah	רפיח
Coastal Strip	רצועת החוף
Gaza Strip	רצועת עזה
continuum of violence	רצף אלימות
long range rocket	רקטה ארוכת טווח
signal rocket	רקטת איתות
antisubmarine rocket	רקטה נגד צוללות
authorized	רשוי
scheduled, registered	רשום
records, gazette	רשומות
public records	רשומות ציבוריות
national authority	רשות ארצית
National Security Agency	רשות הביטחון הלאומי
National Parks Authority	רשות הגנים הלאומיים
Investments Authority	רשות ההשקעות
Government Corporations Authority	רשות החברות הממשלתיות
National Savings Authority	רשות החיסכון והביטוח
National Authority for Research and Development	הרשות הלאומית למחקר ולפיתוח
Israel Ports Authority	רשות הנמלים בישראל
Israel Broadcasting Authority	רשות השידור
legal authority	רשות חוקית
Authority for Building and Clearing Rehabilitation Areas	הרשות לבינוי ולפינוי של איזורי שיקום
Licensing Authority	הרשות למתן רשיונות
Securities Authority	הרשות לניירות ערך
Manpower Planning Authority	הרשות לתכנון כוח אדם
Economic Planning Authority	הרשות לתכנון כלכלי
executive authority	רשות מבצעת
competent authority	רשות מוסמכת
legislative authority, legislature	רשות מחוקקת
taxation authority	רשות מיסוי
customs authority	רשות מכס
local government or authority	רשות מקומית
Jordan Valley Authority	רשות עמק הירדן
Armament Development Authority	רשות פיתוח אמצעי לחימה (רפאל)
public authority	רשות ציבורית

judicial authority	רשות שיפוטית
Nature Preservation Authority	רשות שמורות הטבע
aeronautical authority	רשות תעופה
valid license	רשיון בר-תוקף
import license	רשיון יבוא
entry permit, pass	רשיון כניסה
compulsory license	רשיון כפייה
laissez–passer, transit permit	רשיון מעבר
labor or work permit	רשיון עבודה
single submitted list	רשימה אחידה מוסמכת
master list	רשימה ראשית
attendance list	רשימת נוכחים
passenger list	רשימת נוסעים
crew list	רשימת צוות עובדים
criminal neglect	רשלנות פושעת
Register of Diplomatic Mail	רשם הדואר הדיפלומטי
registrar general	רשם כללי
Register of Trademarks	רשם סימני המסחר
Register of Patents, Designs and Trade Marks	רשם פטנטים, מדגמים וסימני מסחר
take note (v.)	רשם לפני . . .
official	רשמי
saboteur network	רשת מחבלים
radar network	רשת מכ"מ

ש

interpellation	שאילתה
the saved remnant	שארית הפליטה
Sweden	שבדיה
prisoner of war	שבוי מלחמה
oath of allegiance	שבועת אמונים
land appreciation	שבח מקרקעין
general strike	שביתה כללית
sympathy strike	שביתת אהדה
warning strike	שביתת אזהרה
slowdown strike	שביתת האטה
protest strike	שביתת מחאה
armistice, cease–fire	שביתת נשק
hunger strike	שביתת רעב
sitdown strike	שביתת שבת
nonresident ambassador	שגריר לא–תושב

Ambassador Extraordinary and Plenipotentiary	שגריר מיוחד ומוסמך
Roving Ambassador	שגריר נודד
ambassador–at–large	שגריר נייד
embassy	שגרירות
field of fire	שדה אש
minefield	שדה מוקשים
landing field or ground	שדה נחיתה
proving ground	שדה נסיונות
battlefield	שדה קרב
airfield	שדה תעופה
communique	שדר
communication or message in code	שדר בצופן
enforced displacement	שהיית הכפייה
piracy	שוד ים או ימי
nominal value, par value	שווי נקוב
equality of rights	שוויון זכויות
sovereign equality	שוויון ריבוני
egalitarian	שוויוני
Switzerland	שווייץ
military policeman	שוטר צבאי
dominant	שולטני
minesweeper	שולת מוקשים
assessment, valuation	שומה
Samaria	שומרון
variance, variation	שונות
continental shelf	שונית היבשת
Samson's foxes	שועלי שמשון
Magistrate	שופט שלום
European Common Market	השוק האירופי המשותף
free market	שוק חופשי
stock market	שוק מניות
dynasty	שושלת
demobilization	שחרור כללי
national liberation	שחרור לאומי
training area	שטח אימונים
prohibited area	שטח אסור
territory	שטח ארץ
possession	שטח החזקה
staging area	שטח היערכות
no–man's land	שטח הפקר
vital territory, key terrain	שטח חיוני

trust territory, protectorate	שטח חסות
occupied area or territory	שטח כיבוש
assembly area	שטח כינוס
settlement area	שטח להסדר
fighting area	שטח לחימה
fortified area	שטח מבוצר
occupied territory	שטח מוחזק
demilitarized zone	שטח מפורז
trust territory	שטח נאמנות
landing area	שטח נחיתה
danger area	שטח סכנה
sovereign area	שטח ריבוני
staging area	שטח ריכוז
area of jurisdiction	שטח שיפוט
occupied territories (*or* administered)	שטחים מוחזקים
overseas areas	שטחים מעבר לים
closed territories	שטחים סגורים
treasury bill	שטר אוצר
compris d'arbitrage	שטר בוררים
promissory note	שטר חוב
saving bond	שטר חיסכון
bill of exchange	שטר חליפין
banknote, currency note	שטר כסף
bill of lading	שטר מטען
treasury bills	שטרי אוצר
banknotes in circulation	שטרי בנק במחזור
capital notes	שטרי חוב הוניים
dollar linked savings notes	שטרי חיסכון צמודי דולר
banknotes and coins	שטרי כסף ומעות
land bonds	שטרי מקרקעין
Return to Zion	שיבת–ציון
dispatching, launching	שיגור
exploratory conversations	שיחות גישוש
clarification conversations	שיחות הבהרה
Strategic Arms Limitation Talks (SALT)	שיחות להגבלת הנשק האסטראטגי
proximity talks	שיחות קרבה
policy	שיטה
policing	שיטור
training method	שיטת אימונים
elections system	שיטת בחירות
taxation system	שיטת מיסים

navigation	שייט
bombing flotilla	שייטת הרעשה
convoy, caravan	שיירה
sheikh	שיך
housing project	שיכון
sheikhdom	שיכות
reparations	שילומים
use of force	שימוש בכוח
abuse	שימוש לרעה
geostrategic change	שינוי גיאואסטראטגי
mutatis mutandis	שינויים המחייבים לפי העניין
rate of growth	שיעור גידול
birthrate	שיעור ילודה
turnover rate	שיעור מחזור
rate of retreat or withdrawal	שיעור נסיגה
fertility rate	שיעור פריון
reproduction rate	שיעור תחלופה
death rate	שיעור תמותה
birth rates	שיעורי ילודה
rates of consumption	שיעורי צריכה
Shi'ite	שיעי
compulsory jurisdiction	שיפוט חובה
military jurisdiction	שיפוט צבאי
indemnity	שיפוי
strategic consideration	שיקול אסטרטגי
electoral consideration	שיקול אלקטורלי
security consideration	שיקול בטחוני
political consideration	שיקול מדיני
political consideration	שיקול פוליטי
military consideration	שיקול צבאי
rehabilitation of disabled	שיקום נכים
social rehabilitation	שיקום סוציאלי
national civilian service	שירות אזרחי לאומי
public bus service	שירות אוטובוסים ציבורי
wireless service	שירות אלחוט
Philatelic Service	השירות הבולאי
intelligence service	שירות ביון
international service	שירות בינלאומי
diplomatic service	שירות דיפלומטי
compulsory service, conscription, draft, selective service	שירות חובה
foreign service	שירות חוץ

volunteer service for Israel	שירות חלוצי לישראל
secret service	שירות חשאי
news service	שירות ידיעות
national service	שירות לאומי
unpaid service	שירות ללא תשלום
Environmental Protection Agency	השירות לשמירת איכות הסביבה
probation service	שירות מבחן
intelligence service	שירות מודיעין
Israel Meteorological Service	השירות המטיאורולוגי
army reserve service	שירות מילואים
active duty	שירות מילואים פעיל
placement service	שירות מיקום
judicial service	שירות משפטי
regular or active service	שירות סדיר
military service	שירות צבאי
public service	שירות ציבורי
regular service	שירות קבע
colonial service	שירות קולוניאלי
Army Canteen Service	שירות קנטינות ומזנונים (שק"ם)
broadcasting service	שירות שידור
employment service	שירות תעסוקה
scheduled air services	שירותי אוויר רשומים
security services	שירותי ביטחון
health services	שירותי בריאות
Information Services	שירותי ההסברה
absorption services	שירותי קליטה
welfare services	שירותי רווחה
interpretation services	שירותי תרגום
good offices	שירותים טובים
international cooperation	שיתוף בינלאומי
nuclear cooperation	שיתוף גרעיני
economic cooperation	שיתוף כלכלי
cooperative action	שיתוף מעשה
technical cooperation	שיתוף פעולה טכני
Nablus	שכם
unlawfully	שלא בהיתר
extraordinary	שלא מן המניין
operational stage	שלב מבצעי
transition stage	שלב מעבר
terminal phase	שלב סופי
confrontation stage	שלב עימות
development stage	שלב פיתוח

lasting peace	שלום בר קיימא
public peace	שלום הציבור
armed peace	שלום מזויין
permanent peace	שלום קבע
honorable peace	שלום של כבוד
Shelach, Society for Rehabilitation and Resettlement of Ex–underground Fighters	שלח — איגוד למען שיקום לוחמי חופש
rule, suzerainty	שלטון
autocracy	שלטון יחיד
occupation authority	שלטון כיבוש
local government	שלטון עירוני
self–government	שלטון עצמי
competent authorities	שלטונות מוסמכים
military authorities	שלטונות צבאיים
Envoy Extraordinary	שליח מיוחד
mission	שליחות
control of . . .	שליטה על . . .
Arab rulers	שליטי ערב
negation of Galut	שלילת הגלות
aide–de–camp	שליש אישי
aide–de–camp, military adjutant	שליש צבאי
adjutant–general	שליש ראשי
territorial integrity	שלמות טריטוריאלית
foregoing	שלעיל
fictitious name, pseudonym	שם בדוי
assumed name	שם נטול
consider, be mindful (v.)	שם אל לב
Huleh preserve	שמורת החולה
natural preserve	שמורת טבע
reserve the right	שמר את הזכות
controversial	שנוי במחלוקת
fiscal year	שנת כספים
tax year	שנת מס
year of service	שנת שירות
budget year	שנת תקציב
Gate Sitti Miriam, St. Stephan's Gate	שער האריות
Dung Gate	שער האשפות
Bab el–Wad	שער הגיא
Herod's Gate	שער הפרחים
Golden Gate	שער הרחמים
rate of exchange	שער חליפין

[118]

Jaffa Gate	שער יפו
currency rate	שער מטבע
average quotation	שער ממוצע
discount rate	שער ניכיון
Zion's Gate	שער ציון
interest rate	שער ריבית
Damascus Gate	שער שכם
zero hour	שעת האפס
emergency	שעת חירום
"H" hour	שעת ש"
official language	שפה רשמית
economic depression	שפל כלכלי
Lowlands	שפלה
Judean Foothills	שפלת יהודה
pursue (v.)	שקד על . . .
Jordan Rift	שקע הירדן
Foreign Secretary	שר החוץ
Welfare Secretary	שר הסעד
Secretary of the Interior	שר הפנים
Housing Secretary	שר השיכון
Communications Secretary or Minister of Communications	שר התחבורה
armored corpsman	שריונאי
reconnaissance armored car	שריונית סיור
arbitrariness	שרירות
malice	שרירות לב
shari'i	שרעי
shrapnel	שרפנל

ת

corporation, incorporated body	תאגיד
Thailand	תאילנד
date of issue	תאריך הוצאה
date of denunciation	תאריך הסתלקות
date of deposit	תאריך הפקדה
date of accession	תאריך הצטרפות
termination date	תאריך חדילה
date of signature	תאריך חתימה
date of entry into force or becoming valid	תאריך כניסה לתוקף
date of expiry	תאריך סיום התוקף
defeatism	תבוסנות

civil claim	תביעה אזרחית
legitimate claim	תביעה חוקית
suit, prosecution, legal claim	תביעה משפטית
counterclaim	תביעה נגדית או שכנגד
undisputed claims	תביעות בלתי מנוגדות
assault formation	תבנית להסתערות
fighting or battle formation	תבנית קרב
sanitation	תברואה
chain reaction	תגובת שרשרת
nuclear retaliation	תגמול גרעיני
massive retaliation	תגמול מאסיבי
controlled retaliation	תגמול מבוקר
radio–telegraph distress frequency	תדר מצוקת הרדיו–טלגרף
Tahal — Israel Water Planning Authority	תהל — תכנון המים לישראל
inflationary process	תהליך אינפלציוני
extradition procedures	תהליכי הסגרה
civil air transport	תובלת אוויר אזרחית
attorney general, solicitor general, public prosecutor	תובע כללי
military prosecutor	תובע צבאי
pecuniary claim	תובענה כספית
counter claim	תובענה שכנגד
Jewish consciousness	תודעה יהודית
national consciousness	תודעה לאומית
duty label	תווית מכס
by mutual agreement or consent	תוך הסכמה הדדית
considering	תוך התחשבות
intracontinental	תוך יבשתי
in the discharge	תוך כדי מילוי
subject to measures	תוך כפיפות לאמצעים
subject to provisions	תוך כפיפות להוראות
intranational	תוך–מדינתי
desiring	תוך רצון
with due regard	תוך שימת לב ראויה
through cooperative action	תוך שיתוף מעשה
master plan, blueprint	תוכנית אב
Uganda scheme	תוכנית אוגנדה
El–Arish scheme	תוכנית אל–עריש
Basle Programme	תוכנית באזל
Biltmore Program	תוכנית בילטמור
diversion plan	תוכנית הטייה

five year plan	תוכנית חומש
Partition Plan	תוכנית החלוקה
approved plan	תוכנית מאושרת
Morrison Plan	תוכנית מוריסון
Marshall Plan	תוכנית מרשל
military assistance plan	תוכנית סיוע צבאי
development plan	תוכנית פיתוח
Rogers' Plan	תוכנית רוג'רס
cooperation program	תוכנית שיתוף
good faith, bona fide, sincerity	תום לב
Tunisia	תוניסיה
surcharge	תוספת היטל
cost–of–living increase or bonus	תוספת יוקר
mutual and reciprocal benefit	תועלת הדדית ובת גומלין
gross national product	תוצר לאומי גולמי
national product per capita	תוצר לאומי לנפש
gross domestic product	תוצר מקומי גולמי
product of Israel	תוצרת הארץ
foreign manufacture	תוצרת חוץ
validity	תוקף
renewed aggression or aggressiveness	תוקפנות מחודשת
planned agression	תוקפנות מתוכננת
Arab aggressiveness	תוקפנות ערב
many sided aggression	תוקפנות רב צדדית
Turkey	תורכיה
fighting doctrine	תורת לחימה
permanent resident	תושב קבוע או קבע
recoilless gun	תותח ללא רתע
anti–tank gun	תותח נגד טנקים
curved trajectory gun	תותח תלול מסלול
motor gunboat	תותחית מנוע
memorandum of claim	תזכורת תביעה
note verbale, memorandum	תזכיר
memorandum of mutual understanding	תזכיר הבנה הדדית
memorandum of agreement	תזכיר הסכם
memorandum of association	תזכיר התאגדות
public transportation	תחבורה ציבורית
territorial application	תחולה טריטוריאלית
coming or entry into force	תחולת תוקף
airspace	תחום אווירי
demilitarized area limits	תחום איזור מפורז
scope of pact or treaty	תחום אמנה

border lines of Palestine	תחום ארץ ישראל
fire range	תחום אש
safety zone or limit	תחום בטיחות
sphere of influence	תחום השפעה
economic sphere	תחום כלכלי
Pale of Settlement	תחום מושב
scope or terms of reference	תחום סמכויות
sovereign domain	תחום ריבוני
area of jurisdiction	תחום שיפוט
sphere of command or control	תחום שליטה
area of application	תחום תחולה
wage ranges	תחומי שכר
population forecast or projection	תחזית אוכלוסייה
entry into force	תחילת תוקף
delineation, fixing of boundaries	תחימה
national legislation	תחיקה ארצית
social legislation	תחיקה סוציאלית
legislative reciprocity or reciprocal legislation	תחיקת גומלין
auxiliary legislation	תחיקת משנה
labor legislation	תחיקת עבודה
population replacement	תחלופת אוכלוסייה
practice ammunition	תחמושת אימונים
artillery ammunition	תחמושת ארטילרית
armor–piercing ammunition	תחמושת בוקעת שריון
service ammunition	תחמושת קרב
terminal station	תחנה סופית
military post	תחנה צבאית
diagnostic station	תחנת אבחון
collecting station	תחנת איסוף
border or frontier post	תחנת גבול
induction station	תחנת גיוס
listening station	תחנת האזנה
quarantine station	תחנת הסגר
warning station	תחנת התראה
atomic power station	תחנת כוח אטומית
nuclear power station	תחנת כוח גרעינית
experimental station	תחנת נסיונות
arsenal	תחנת נשק
first aid station	תחנת עזרה ראשונה
casualty clearing station	תחנת פינוי נפגעים
broadcasting station	תחנת שידור
adjustment	תיאום

fire coordination	תיאום אש
effective coordination	תיאום יעיל
cooperation	תיאום פעולה
mediation	תיווך
border demarcation	תיחום גבול
Yemen	תימן
documentation, certification	תיעוד
Jackson Amendment	תיקון ג'קסון
partial revision	תיקון חלקי
recommended amendment	תיקון מומלץ
adjustment of quotas	תיקון מכסות
corrigenda	תיקוני טעויות
scanning	תירה
Israel Water–Planning Authority	תכנון המים לישראל
manpower planning	תכנון כוח אדם
economic planning	תכנון כלכלי
national planning	תכנון לאומי
environmental planning	תכנון סביבתי
guerilla tactics	תכסיסי גריליה
diversionary tactics	תכסיסי הסחה
battle tactics	תכסיסי קרב
radio frequencies	תכפי רדיו
correspondence	תכתובת
pending	תלוי ועומד
complaint	תלונה
purchase coupons	תלוש קניות
international reply coupon	תלוש תשובה בינלאומי
interdependence	תלות הדדית
economic dependence	תלות כלכלית
equivalent, exchange	תמורה
infant mortality	תמותת תינוקות
agreement, unanimity	תמימות דעים
royalties	תמלונים
communiqué, announcement	תמסיר
précis, summary	תמצית
air maneuver	תמרון אווירי
strategic maneuver	תמרון אסטרטגי
maneuver by parachute	תמרון מוצנח
combined maneuver	תמרון משולב
military maneuver	תמרון צבאי
zone marker	תמרור איזורי
border markers	תמרורי גבול

condition, provision, term	תנאי
credit terms	תנאי אשראי
security conditions	תנאי ביטחון
necessary condition	תנאי הכרחי
terms of surrender	תנאי כניעה
precondition	תנאי מוקדם
express or explicit condition	תנאי מפורש
implied condition	תנאי מכללא
monetary fluctuation	תנודה מוניטרית
Zionist Movement	התנועה הציונית
civil rights movement	התנועה לזכויות האזרח
Greater Israel Movement	התנועה למען ארץ ישראל השלמה
Palestine Liberation Movement	התנועה לשחרור פלסטין
population movement	תנועת אוכלוסין
Arab nationalists' movement	תנועת הלאומנים הערבים
Hebrew resistance movement	תנועת המרי העברי
liberal labor movement	תנועת העבודה הליברלית
underground movement	תנועת מחתרת
pincer movement	תנועת מלקחיים
resistance or insurrectionary movement	תנועת מרי
liberation movement	תנועת שחרור
movement for national revival	תנועת תחייה לאומית
clause, proviso, stipulation	תנייה
strategic withdrawal	תסוגה אסטרטגית
internal trade	תסחורת פנימית
notarial certificate	תעודה נוטריונית
certificate of approval or endorsement	תעודת אישור
discharge certificate	תעודת הפטר
repatriation certificate	תעודת השבה למולדת
identity card or document	תעודת זיהוי או זהות
exchange certificate	תעודת חליפין
import certificate	תעודת יבוא
certificate of airworthiness	תעודת כושר טיסה
customs certificate	תעודת מכס
travel document	תעודת מסע
laissez–passer	תעודת מעבר
carnet de passage en douane	תעודת-מעבר-מכס
civil aviation	תעופה אזרחית
Suez Canal	תעלת סואץ
whispering campaign	תעמולת לחישה
sanctions	תענישים
full employment	תעסוקה מלאה

customs tariffs	תעריפי מכס
Israel Aircraft Industry Ltd.	התעשייה האווירית לישראל בע"מ
war industry	תעשייה מלחמתית
military industry	תעשייה צבאית
nationalized oil industry	תעשיית נפט מולאמת
transcription, transliteration	תעתיק
gross tonnage	תפוסה כוללת
Diaspora	תפוצות הגולה
gross output or production	תפוקה גולמית
national production	תפוקה לאומית
industrial output or production	תפוקה תעשייתית
seizure, sequestration	תפיסה
canal operation	תפעול התעלה
duty, function, office	תפקיד
staff duties	תפקידי מטה
geographical dispersion	תפרוסת גיאוגראפית
aerial photograph	תצלום אוויר
aerial observation	תצפית אוויר
ground observation	תצפית קרקע
fuel consumption	תצרוכת דלק
authoritative precedent	תקדים מחייב
term of protection	תקופת הגנה
term of office	תקופת כהונה
transition period	תקופת מעבר
period of immigration	תקופת עלייה
period of relaxation	תקופת רגיעה
assault, attack	תקיפה
norm, standard, cadre	תקן
international regulation	תקנה בינלאומית
code, constitution, statute	תקנון
executing code	תקנון ביצוע
general code	תקנון כללי
Mandatory defense regulations	תקנות ההגנה המאנדאטורית
emergency regulations	תקנות חירום
emergency regulations	תקנות לשעת חירום
army regulations	תקנות צבא
civil service regulations	תקנות שירות המדינה
defense regulation	תקנת ההגנה
subsidiary regulation	תקנת משנה
valid	תקף
national budget	תקציב לאומי
balanced budget	תקציב מאוזן

state budget	תקציב מדינה
development budget	תקציב פיתוח
summary, précis, abstract	תקציר
shooting incident	תקרית אש
border incident	תקרית גבול
flight ceiling	תקרת שיוט
international communications	תקשורת בינלאומית
mass communications	תקשורת המונית
satellite communications	תקשורת לוויינית
battle drill	תרגולת קרב
tactical drill	תרגיל טאקטי
arms drill	תרגילי סדר חמושים
taps, last post	תרועת אבל
alarm call	תרועת אזעקה
thermonuclear	תרמו גרעיני
complaint, grievance	תרעומת
message, dispatch	תשדורת
payment of fee	תשלום אגרה
obligatory payment	תשלום חובה
import duties	תשלומי יבוא
payments in kind	תשלומים בעין
monitoring, listening post	תשמוע
enactment, validation	תשריר
seabed	תשתית הים
subregional	תת-איזורי
under population	תת-אכלוס
subcommittee	תת-ועדה
subcontinent	תת-יבשת
submachine gun	תת-מקלע
underground	תת-קרקעי
under secretary	תת-שר

acronyms

א

אא	אבא אבן
	אוויר אוויר
	איגרת אוויר
	אנטי אווירי
	ארגון אשראי
אאא	ארגון האחדות האפריקאית
אאנ	אגודת אכסניות נוער בישראל
אאע	ארגון אמהות עובדות
אבא	אוניברסיטת בר–אילן
אבהא	ארגון בינלאומי להאחדה
אבכ	אטומי, בקטריולוני, כימי
אבמ	אבטחה ומבצעים
אבמא	איגוד בינלאומי למבקרי אמנות
אבע	ארגון הבריאות העולמי
אבשר	אבקת שריפה
אנא	אגף אפסנאות
אנאר	אגף ארגון
אנבל	אגודה למען בגד לאומי
אנהס	אגף הספקה
אנהר	אגודת הרבנים
אגודי, אגוי	אגודת ישראל
אגוצ	אגודה צרכנית
אגח	איגרת חוב
אגי	אגודת ישראל
אגמ	אגף מבצעים
	אגף מודיעין
	אגף מטה
	אגף המטה הכללי
אגש	אגודה שיתופית
	אגף שיכון
	אגרות שילומים
	אגרת שירות
אגת	אגף תכנון
אד	אוניית דייג
	אלחוט דיבור
	אפריקה הדרומית
	אשראי דוקומנטרי
אדמ	אדמירליות
	ארגון דיביזיוני מחודש
אדע	איגוד הדואר העולמי

אה	אחדות העבודה
	אחר החורבן
	ארגון ההגנה
	ארצות הברית
אהד	אגף הדרכה
אהלים	אגודת הארחה לתיירים, ירושלים
אהמ	אוניית הוד מלכותו
אהע	אומות העולם
	אחדות העבודה
אהצה	איזור הצנחה הספקה
אהש	ארגון השחרור
או	ארכיון וייצמן
אומ	אומות מאוחדות
	ארגון האומות המאוחדות
אונדוף	United Nations Disengagement Observer Force
אונסקו	United Nations Educational, Scientific and Cultural Organization
אונרא, אונררא	United Nations Relief and Rehabilitation Administration
אוסים	United States Information Service
אופק	Organization of Petroleum Exporting Countries
אוש	ארגון ושיטות
אח	איגוד חקלאי
	איגרות חוב
אחא	ארגון אחדות אפריקה
אחהע	אחדות העבודה
אחהק	איחוד הקיבוצים
אחי	אוניית חיל הים
	אוסף חוקי ישראל
אחיעם	איגוד לקידום אורח חיים ישראלי עברי מקורי
אחמ	איש חשוב מאוד
אחק	אגף חקירות
	אוניית חיל קרב
	איתות, חיבור, קשר
	איתות חשמל וקשר
אטס	Auxiliary Territorial Service
אי	ארץ ישראל
איבא	איגוד ישראלי לבקרה אוטומטית
איטא	Jewish Telegraphic Agency
איטו	Jewish Territorial Organization
איטיס	Israel Territorial Service
איי	ארץ ישראלי

אייפי	Associated Press
איכל	ארגון יהודי כללי לוחם
איל	ארגון יהודי לוחם
אילא	איגוד ישראלי לעיבוד אינפורמציה
אילבה	ארגון יהודי למלחמה בתעמולה האנטישמית והערבית
אילנ	איגוד ישראלי לעיבוד נתונים
אילתם	איגוד לתכנון ולמחקר בע"מ
אימג	International Media Guaranty Program
אימפ	Interplanetary Monitoring Platform
אינטרפול	International Police
אינס	International News Service
איסו	International Standards Organization
איסטא	International Students Organization
איסתא	איגוד סטודנטים לתיור אקדמאי
איקאו	International Civil Aviation Organization
אירא	International Refugee Organization
אירסו	Jewish Restitution Successor Organization
אכא	אגף כוח אדם
אכב	ארגונים כלכליים בינלאומיים
אכס	אגף כספים
אכפז	אסטרטגיה, כוחות גשמיים, גורמים פסיכולוגיים, זמן
אכתי	הארכיון הכללי לתולדות ישראל
אלאל	אזרחים למען אחדות לאומית
אלבה	ארגון למחקר בתעמולה האנטישמית והערבית
אלה	אצל, לחי, הגנה
אלום, אלמ	אלוף משנה
אלח	אגודה למען החייל
אלק	אסירי לטרון וקניה
אלתם	אגודה לתכנון ולמחקר
אמ	אוניית מנוע
	אוניית מעבורת
	אוניית משא
	איגוד מקצועי
	אלוף מילואים
	אלחוט מורס
אמא	ארגון מדינות אמריקה
	ארגון מדינות אפריקה
אמגפ	איחוד מרכזי של הגולים הפוליטיים מבריה"מ
אמדר	אמריקה הדרומית
אמה	אגף מס הכנסה
אמוח	ארגון האומות המאוחדות למזון ולחקלאות

אמח	אגף מטבע חוץ
	איגרת מטבע חוץ
אמי	האיגוד המטאורולוגי הישראלי
אמיקא	American Israel Corporation
	American Jewish Colonization Association
אמלח	אמצעי לחימה
אמלט	אימון מרוכז לטירונים
	אמריקה הלטינית
אמנ	האגודה המוסלמית–הנוצרית
	אגודת מזרחי נשים
	אגף מודיעין
	אדון מאוד נכבד
אמע	ארכיון מפלגת העבודה
אמעמן	ארגון המדינות הערביות המייצאות נפט
אמצ	ארגון משוחררי צה"ל
אמר	אגף מס רכוש
אמרכז	אמריקה המרכזית
אמת	אגף מחקר ותכנון
	ארגון מרכזי לתחבורה
אנ	אוניית נוסעים
	איזור נחיתה
	אכסניית נוער
א–ן	ארגון ההגנה
אנא	אמצעי נגד אלקטרוניים
אנד	ארגון נשים דימוקרטיות
אנהצ	אנשי הצבא
אנזוס	Australia, New Zealand, United States
אנח	איחוד נוער חלוצי
	ארגון נשי חרות
אנית	אגודת נשים יוצאות תימן
אננ	אפוטרופוס לנכסי נפקדים
אנצ	אנשי צבא
אנצכ	ארגון נשים ציוניות כלליות
אנק	אימון בנשק קל
אסהנ	אסיפת הנבחרים
אסוג	אדם סיני וגושן
אסיד	אסיפת דינים
אסע	איחוד סוציאליסטי ערבי
	איחוד סטודנטים ערבי
אספהנ	אסיפת הנבחרים
אע	אמהות עובדות

אעב, אעבל	ארגון העבודה הבינלאומי
אעמא	ארגון עולי מרכז אירופה
אפב	Anglo–Palestine Bank
אפהד	אפריקה הדרומית
אפות	אגף פיתוח ותחזוקה
	אגף פיתוח ותכנון
אפכ	אפוטרופוס כללי
אפן	אוסף פסקי דין נבחרים
אפעל	אגודת פועלים עבריים לאומיים
אפק	Anglo–Palestine Company
אפרידר	אפריקה דרומית
אצ	איזור צניחה
	איש צבא
	ארגון צבאי
אצא	איגוד צוות אוויר
	אנשי צוות אל–על
אצל	ארגון צבאי לאומי
אצמרע	אסירי ציון מדברים רק עברית
אק	אוויר קרקע
	אוניית קיטור
אקום	אגודת קומפוזיטורים, מחברים ומו"לים
אקי	אופוזיציה קומוניסטית ישראלית
אקסים	Export Import Bank
אר	ארגון ההגנה העברי
ארבל	אגף הארגונים הבינלאומיים
ארהב, ארהבר	ארצות הברית
ארהג	ארצות הגולה
ארם	אנשים רמי מעלה
ארמצ	ארץ מצרים
ארנע	ארגונים נאציים ערביים
ארשפ	ארגון השחרור הפלסטינאי
אש	אגודה שיתופית
	אימוני שדה
אשל	אכילה, שתייה, לינה
אשפ	ארגון השחרור הפלסטינאי
אתא	אגף תובלה אווירית
	אוניברסיטת תל אביב
אתאב	ארגון התעופה האזרחית הבינלאומית
אתד	אזרחים תומכי דיין
אתה	אזרחים תומכי התנועה
	ארכיון תולדות ההגנה
אתכ	אגף תכנון

אתמ	אזרחים תומכי מפד"ל
אתעי	אל תירא עבדי יעקב
אתק	אימון בתרגילי קרב

ב

באו	באב אל ואד
באיב	בנק ארץ-ישראל בריטניה
באפ	בנק אנגלו-פלסטין
	בסיס אימונים פיקודי
	British Air Force
בב	בני ברית
	בעיות בינלאומיות
בג	בן-גוריון
בגצ	בית דין גבוה לצדק
בד	בנק דיסקונט
בדל	בנק דיסקונט לישראל
בדמ	בית-דין מיוחד
בצד	בית דין צבאי
	בית דין צדק
בהד	בסיס הדרכה
בהנ	בית הנבחרים
בהס	בסיס הספקה
בהת	ביתר, הדר, תגר
בזא	בית זיקוק אילת
בזח	בתי זיקוק חיפה בע"מ
בזנ	בתי זיקוק לנפט בע"מ
בחא	בסיס חיל אוויר
בחד	ברית חלוצים דתיים
בחש	בית חולים שדה
בטגר	בטיחות גרעינית
בטש	ביטחון שוטף
בי	בני ישראל
	בנק ישראל
בי'ני	בן-גוריון
בידמ	בית דין מיוחד
בידצ	בית דין לצדק
בידש	בית דין שדה
ביהל	בית הלורדים
ביהמש	בית המשפט
ביהנ	בית הנבחרים
ביחש	בית חולים שדה
ביל	בינלאומי

בילו	בית יעקב לכו ונלכה
בימי	ברית יהדות המזרח בישראל
בימש	בית משפט
בינ	בית נבחרים
בינל, בינלא	בינלאומי
בינע	בינערבי
בית	ברית יוצאי תימן
ביתר	ברית יוסף תרומפלדור
בכל	בנק כללי לישראל
בל	ביטוח לאומי
	בינלאומי
בלל	בנק לאומי לישראל
בלת	בנק לפיתוח התעשייה בישראל בע"מ
במ	בית דין מיוחד
	בית משפט
	בלתי מפלגתי
	בנק המזרחי
	בערבון מוגבל
	British Museum
במהש	בית–משפט השלום
במי	בברכת מלכות ישראל
בממ	ביקורת מחלות מידבקות
	בית משפט מחוזי
	בנק מזרחי מאוחד
במע	בית משפט עליון
	ברית מכבים עתיד
בנאי	ברית נאמני ארץ ישראל
בנהפ	בנק הפועלים
בנח	בסיס נמל חיפה
	ברית נשים חרות
בנל	בינלאומי
בנלוקס	Belgium, Netherlands, Luxemburg
בנע	בני עקיבא
בן–על	ברית נוער עברי לאומי
בנקי	ברית הנוער הקומוניסטי הישראלי
בסא	בסיס אספקה
בסלא	בית הספרים הלאומי והאוניברסיטאי
בסלע	ברית סטודנטים למהפכה עברית
בע	בני עקיבא
בעמ	בערבון מוגבל
בעע	ברית עברית עולמית
בפ	בנק הפועלים

בפמ	בנק הפועל המזרחי
בפת	בנק לפיתוח התעשייה בע"מ
בצ	בן–צבי
	בני ציון
	בסיס צבאי
	בסיס ציוד
בצא	בית ציוני אמריקה
	ברית ציוני אמריקה
בצר	בסיס ציוד רפואי
בק	בינקיבוצי
בקי	ביצוע קרבי יעיל
בקומ	בסיס קליטה ומיון
בקע	בנק קופת עם
ברהמ	ברית המועצות
ברע	בקשת רשות ערעור
ברצ	בסיס רבנות צבאית
ברת	בראשי תיבות
בש	באר שבע
	ביטחון שדה
	בית שאן
	בית שערים
	בקשות שונות
	בקשת שחרור
בתק	ברית התנועה הקיבוצית

ג

גאטט	General Agreement on Tariffs and Trade
גאי	גבולות ארץ ישראל
	גלילות ארץ ישראל
	גרוש ארצישראלי
גבי	גשר בנות יעקב
גבש	גוש באר שבע
גד	גלויית דואר
גדא	גלויית דואר אוויר
גדמז	גדה מזרחית
גדמע	גדה מערבית
גדנחל	גדנ"ע נח"ל
גדנמ	גדוד נגד מטוסים
גדנע	גדודי נוער
גהס	גדוד הספקה
גוג	גולן וגליל
גולן	גדודים לפעולות נועזות

גחל	גוש חרות ליברלים
	גיוס חוץ לארץ
גי	גנזך וייצמן
	גרוש ישראלי
גיס	גבעתי, יפתח, סרגיי
גיש	גייסות שריון
גלץ	גילוי צוללות
	גלי צה״ל
גמ	גלות מצרים
	גליל מערבי
	גנזך המדינה
	גרוש מצרי
גמט	Greenwich Median Time
גמכ	גדוד מרגמות כבדות
גממ	גייסות מחץ משולבים
גנט	גונדה נגד טנקים
גנמ	גונדה נגד מטוסים
גנק	גילוי, ניווט, קשר
גנת	גרעין נח״ל תעשייתי
גסטאפו	Geheime Staatspolizei
גע	גליל עליון
גפאו	Glavnaĭa Politicheskaĭa Opravleniĭa
גפמ	גדוד פשיטה ממונע
גרפ	גדוד רפואה
גשא	גדוד שירותי אוויר
גשח	גדוד שירותי חימוש
גשפ	גדוד שריון פיקודי
גת	גליל תחתון
גתמ	גדוד תותחים מתנייעים
גתסא	גייסות תקיפה וסיור אסטרטגיים

ד

ד	דונם
	דחוף
דא	דואר אוויר
	דרום אמריקה
	דרום אפריקה
דאביו	דבר אל בני ישראל ויסעו
דאי	דיני ארץ ישראל
דאפ	דרום אפריקה

דב	דמי ביטוח
דבג	דוד בן־גוריון
דבהמ	דבר המלך במועצתו
דבמ	דרישת בדיקה מינימלית
דג	דמי גבייה
דגל	דלק גרעיני לישראל
דדר	Deutsche Demokratische Republic
דוהר	דו"ח הרשעה
דח	דרוש לחקירה
דט	דואר וטלגרף
די	דיני ישראל
	דינאר ירדני
	דמוקרטים ישראלים
דינ	דיון נוסף
דכ	דברי הכנסת
דמ	דיווח מקורי
	דיון מהיר
	דפוס הממשלה
	דפוס ממשלתי
	דרישה מוקדמת
	Deutsche Mark
דמב	דמי ביטוח
דמבממ	דיונים מהירים בבתי משפט מחוזיים
דמג	דמי גבייה
דמח	דמי חבר
	דמי מחזור
דמי	דגמי מדע ישראליים
	דיני מדינת ישראל
דממ	דבר המלך במועצתו
דממח	דמי מחזור במטבע חוץ
דמע	דו"ח מבצעים
דמק	דמי קדימה
דנ	דיון נוסף
	דיני נפשות
דנ, דנע	דואר נע
דסל	דלק למנוע סילון
	דלק סילונים
דע	דיני עונשין
	דמי עמילות
	דמי עמלה
דעכא	דיון על פי כתב אישום

דפע	דוח פעילות
דצ	דו צדדי
	דואר צבאי
דק	דין קדימה
	דיני קנסות
	דמי קדימה
דקאו	Dominion, Colonial and Overseas
דקל	דיסקונט לישראל
דראמ	דרום אמריקה
דראפ	דרום אפריקה
דש	דואר שמור
דתל	התנועה הדמוקרטית לשינוי
	דתיים לאומיים

ה

ה	הלכה
	העתק
	הערה
האי	הפקדת אשראי יבוא
האצ	הסתדרות אקדמאית ציונית
הב	המרצת בחירות
	הר הבית
הבה	התאחדות בעלי התעשייה
הבצ	הסתדרות בני ציון
הגא	הגנה אזרחית
	התגוננות אווירית
הגס	הגנה סבילה
	התגוננות סבילה
ההב	הר הבית
ההז	הר הזיתים
ההלכיבא	האגודה הכוללת לסיוע כל יהודי במערב אירופה
ההצ	הר הצופים
הומ	הוד מלכותו
	הוד מעלתו
הונא	המראה ונחיתה אנכית
הופע	הוראות פיקוד עליון
הור	הון ורזרבה
הוש	הוראת שעה
הות	הוספות ותיקונים
הח	הצעת חוק
הטס	הטבה סוציאלית
היאס	Hebrew Sheltering and Immigrant Aid Society

הכב	הכרזת בלפור
הכהיש	הכשרת היישוב
הכתוס	הסכם כללי לתעריפים וסחר
הל	הכנסה לאומית
הלכ	המרכז לאיתור כתובות בע"מ
הלמ	הארגון לשיקום משפטי
	המחלקה למשימות מיוחדות
הלת	הוראות למתקני תברואה
המ	הוד מלכותו
	הוד מעלתו
	הלכות מסים
	הסתדרות מדיצינית
הנא	המראה נחיתה אנכית
הנאר	הנהלה ארצית
הנהס	הנהלת הסוכנות
הנהצ	ההנהלה הציונית
הנח	הצעַת נוסח חדש
הנמה	הוראות נציבות מס הכנסה
הנס	הגנה נגד סמים
הנצ	הסתדרות נשים ציוניות
הנק	המראה ונחיתה קצרה
הס	הטבה סוציאלית
	הסתדרות סטודנטים
	הר סיני
הסי	התאחדות ספורט בישראל
הע	הגנה עצמית
	הכרזת העצמאות
העב	התאחדות עולי בריטניה
העבל	הסתדרות העבודה הבינלאומית
העל	הסתדרות עובדים לאומית
העמ	הסתדרות עובדי הממשלה
העצע	התאחדות עולמית של צעירים עבריים
הער	התאחדות עולי רומניה
הפ	הזמנת פתיחה
	המרצת פתיחה
הפוהמ, הפוהמז	הפועל המזרחי
הפוהצ	הפועל הצעיר
הפלא	הגנה, פלמ"ח, לח"י, אצ"ל
הפע	הוראות פיקוד עליון
הצ	הר ציון
הצא	הסתדרות ציוני אמריקה
הצב	הצהרת בלפור

הצהר	הציונים הרביזיוניסטים
הצה	הסתדרות ציונית חדשה
	הצעת חוק
הצלס	הצעה לסדר היום
הצעח	הצעת חוק
הצתק	הצטיידות ותקציבים
הק	הכשרת קרקע
הקד	הכשרת קרקע דרום

ו

ובא	ועדה בינלאומית לאלקטרוטכניקה
ובנא	ועדה בינלאומית לנווטות אוויר
והל	הוועד הלאומי
	ועד הלשון
והלהע	ועד הלשון העברית
והמ	הוועד המרכזי
והפ	הוועד הפועל
והצ	ועד הצירים
וואפ	Women's Auxiliary Air Force
וחק	ועדת חקירה
וט	ועדה טכנית
ויבאס	הוועדה הישראלית לביוספירה ולאיכות הסביבה
ויצו	Women's International Zionist Organization
ולח	הוועד למען החייל
ולקפ	ועדה לקידום פרוייקטים
ולתם	ועדה לתיאום שירות מילואים
ומ	ועדה מרכזית
ומע	ועדת מל"ח עליונה
ועהב	ועדת הבחירות
ועהז	הוועד הזמני
ועהח	ועדת החוץ
ועהכ	הוועד הכללי
ועהכנ	ועדת הכנסת
ועהל	הוועד הלאומי
ועהמ	ועד המשלחות היהודיות
ועהמש	ועדת המשנה
ועהפ	הוועד הפועל
ועהצ	ועד הצירים
ועמ	ועד מרכזי
ועע	הוועד הערבי העליון
ועשהנ, ועשנ, ושהנ	ועדת שביתת הנשק

ורד	Water Resources Development
ושהנ	ועדת שביתת הנשק
ותלמ	ועדת תיאום לשירות מילואים

ז

זבק	זמן בריטי קיצי
זג	זמן גריניץ'
זגמ	זמן גריניץ' ממוצע
זחלם	זחל משוריין
זי	זכות יוצרים
זכות	זכות תביעה
זממ	זכות משיכה מיוחדת
זמפ	זמן פירעון
זמק	Zion Mule Corps
זעט	זיהוי עמית טורף
זרש	זיקוק רב–שלבי

ח

ח	חורבה
	חיפה
	ח'רבה
	חרות
	חשבון
חא	חיל אוויר
חאי	חוקי ארץ ישראל
	חיל אוויר לישראל
חב	חגורת בטיחות
	חכם באשי
	חרות בית"ר
	חקר ביצועים
חבהכ	חבר הכנסת
חבהל	חבר הלאומים
חבהע	חברת העובדים
חבצ	חובבי ציון
	חיבת ציון
חג	חומר גלם
חגי	חזון גליל יהודי
חד	חבילות דואר
חדל	חוגים דתיים לוחמים
	חזית דתית לאומית

חדמ	חברת דפוס ממשלתית
חדצ	חברת דורשי ציון
	חיסול דיירי צריפונים
חדש	חזית דמוקרטית לשלום ולשוויון
חדת	חזית דתית תורתית
חהכ	חבר הכנסת
חהל	חבר הלאומים
חהנ	חבר הנאמנים
	חיל הנדסה
חהס	חיל הספקה
חהע	חבר העמים
	חברת העובדים
חהת	חוק להארכת תוקף
חוב	חוץ וביטחון
חובצ	חובבי ציון
חוג	חומרי גלם
חול	חוץ לארץ
חוע	חוק עזר
חופש	חזית פנתרים שחורים
חוצ	חובבי ציון
חוש	חוף השנהב
חות	חינוך ותרבות
חח	חיל חימוש
חחד	חשבונות חוזרים דביטוריים
חחח	חוק חינוך חובה
	חוק חיסכון חובה
חחק	חשבון חוזר קרדיטורי
חטג	חטיבת טנקים גדולה
חי	חיל הים
	חיפה
חיא	חיל אוויר
חיבד	חיל בן דוד
חיבה	חיילות בשירות המשטרה
חיהא	חיל האוויר
חיח	חיל חימוש
חיימש	חיילים משוחררים
חיל	חבל ימי לישראל
	חטיבה יהודית לוחמת
חימ	חוקי ישראל — מקורות
	חיל ים
	חיל מודיעין
	חיל מחץ

	חיל מילואים
	חיל מצב
	חיל משמר
חימש	חיילים משוחררים
חיק	חיל קשר ואלקטרוניקה
חיר	חיל רגלים
חירמ	חיל רגלים מוצנח
	חיל רגלים ממוכן
חיש	חיל שדה
	חיל שריון
חית	חיל תותחנים
חכ	חבר כנסת
חכי	חברים כל ישראל
חכיח	חברת כל ישראל חברים
חכים	חברי הכנסת
חכנס	חוק כהונת נשיא המדינה
חל	חוץ לארץ
חלא	חרות ליברלים
חלול	חרב לעמנו ולארצנו
חלח	חוק לימוד חובה
חלפ	חזית לאומית פלסטינית
חמ	חוק המעבר
	חיל מדע
	חיל משמר
	חקירה מוקדמת
	חקירה מיוחדת
חמא	חדר מקרי אסון
חמד	חזית ממלכתית דמוקרטית
	חיילים משוחררים דתיים
	חיל מדע
	חינוך ממלכתי דתי
חמח	חטיבה מול חטיבה
חמכש	חוק מעבר לכנסת השנייה
חמל	חדר מלחמה
	חיל מילואים
חממ	חוק מבקר המדינה
	חימוש מונחה מדוייק
	חימוש מטוסים
	חשמל מערכות מטוסים
חמנ	חיל מודיעין
חמס	חיל מגן סודאני
חמצ	חיל משטרה צבאית

חמש	חיל משוריין
חנ	חטיבה ניידת
	חיל נוטרים
	חיל נשים
חנג	חומר נפץ גרעיני
חנה	חברת נפט השקעות
חנמ	חבר נכבד מאוד
	חומר נפץ מרסק
חננ	חוק נכסי נפקדים
חנפ	חומר נפץ
חנתג	חומר נפץ תרמו גרעיני
חסדפ	חוק סדר הדין הפלילי
חע	חוקי עבודה
	חינוך עצמאי
חען	חיל–עזר, נשים
חעצ	חטיבת עבודה צבאית
חפ	חוק פלילי
חפלמ	חזית פטריוטית לאומית מתקדמת
חפנ	חקירת פשעי הנאצים
חפק	חבורת פיקוד קדמית
	חוליית פיקוד קדמית
	חיל פיקודי
חצ	חובבי ציון
	חיל צעירים
חצב	חבורות ציוניות בונות
חצים	חרות הצעירה ירושלים
חק	חבר הקבוצות
	חוק קיצוב
	חייל קרבי
	חיל קרב
	חיל קשר
חקאי	חוקי ארץ ישראל
חקצ	חינוך קדם צבאי
חקש	חיל קשישים
	חיל קשר
	חי"ר קשיש
חרמ	חוק רכישת מקרקעין
חרמנ	חיל רגלים ממונע
חרמש	חיל רגלים משוריין
חרפ	חיל רפואה
חרצד, חרצמ	חיל רגלים צמוד
חש	חודר שריון

	חיל שריון
חשב	חוק שירות ביטחון
חשכל	חשב כללי
חשל	חזית שוויון לאומית
חשמ	חוקת שלטון מוגבל
חשנ	חיל שריון
חשפ	חזית לשחרור פלסטין
חשצ	חוק שיפוט צבאי
	חוק שירות צבאי
חת	חוקי תקציב
חתדע	חוק תיקון דיני עונשין
חתמ	חיל תותחנים
	חיל תעמולה מהפכני
חתנ	חיל תותחנים
חתש	חינוך תוך שירות

ט

ט	טון
	טונה
	טור
	טורפדו
	טירון
טא	טביעת אצבע
טאס	Telegrafichnoe Agentstvo Sovietskogo Soiuza
טווא	Trans World Airlines
טטי	טלגרף טלקס ישראלי
טכטל	טכנאות טלגרף
טמנט	טיל מונחה נגד טנקים
טנ	טרם נקבע
	טרם נתברר
	טרם נתקבל
טנט	טירור נגד טירור
טנצ	טורפדו נגד צוללות
טפר	טלפרינטר
טצ	טריטוריה צפונית
טרנ	טונות רשומות נטו
טתס	טונת תעלת סואץ

י

יאהק	יישוב ארץ הקודש

[145]

יאטא	International Air Transport Association
	International Air Traffic Association
יאי	יישוב ארץ ישראל
יארגא	יחידה לארגון ולגיוס אמצעים
יבמ	יחידת בקרה מבצעית
	International Business Machines
יהוג	יהודה וגליל
יהוש	יהודה ושומרון
יהז	יום הזיכרון
יהפ	יחידת הספקה פיקודית
	ילקוט הפירסומים
יוהעמ, יוהמש	היועץ המשפטי
יומ	יועץ משפטי
יוניצף	United Nations International Children's Fund
יוסומ	United States Operations Mission
יופי	United Press
יופיע	יו. פי. איי. עתי"ם
יוצחול	יוצאי חוץ לארץ
יוש	יהודה ושומרון
יחל	יחידה להתנדבות
יחץ	ירושלים, חברון, צפת
יטא	Jewish Telegraphic Agency
	Jewish Territorial Organization
יכבץ	יכוננה בצדק
יל	יד לבנים
ילהפ	ילקוט הפרסומים
ימ	יועץ משפטי
	יחידות מחץ
ימח	יחידת מחסני חירום
יממ	יחידת משטרה מיוחדת ללוחמה בטרור
	יחידת מעבר מילואים
ינט	יחידה נגד טנקים
ינפ	יחידת נוהגי הפרדות
יס	ים סוף
יסל	ירחון סטטיסטי לישראל
יע	יורש עצר
יעד	ישראל עובדת דמוקרטית
יפ	יחידה פיקודית
	ילקוט הפרסומים
יפתח	יחידת פיתוח
יקא	Jewish Colonization Association

ירא	יחידת רכב אזרחי
ירמ	יחידת רכב מגוייס
	יחידת רכב מילואים
ירת	יישוב רב תכליתי
ישקני	יחידת שק"ם ניידת
יתב	יחידה תרמית בריטית
יתט	ידע תפעול טנקים
יתמ	ים תיכון מזרחי

כ

כא	כוח אדם
	כתבי אמנה
כבא	כוחות ביטחון ארציים
כביל	כוח בינלאומי
כבשן	כור בריכת שחייה, נחל שורק
כד	כלל דיסקונט
כונר	כונס נכסים רשמי
כותמ	כותל מערבי
כי	כנסת ישראל
כיח	כל ישראל חברים
כיל	כימיקלים לישראל בע"מ
כני	כנסת ישראל
כנר	כונס נכסים רשמי
כס	כתב סתר
כסי	כלי סיור לירח
כע	כפר ערבי
כפת	כפר תעשייתי
כתס	כולל תוספות סוציאליות
	כולל תנאים סוציאליים
כתף	כורדים, תימנים, פרסים

ל

לא	לוחמה אלקטרונית
	לוי אשכול
לאי	לירה ארצישראלית
לב	לוחמה ביולוגית
לבאש	התנועה למען בחירות אישיות
לבב	לבעיות בינלאומיות
	לוחמה בשטח בנוי
להב	לשנה הבאה בירושלים

לחי	לא חרבה ירושלים
	לוחמי חרות ישראל
	לחרות ישראל
לי	לירה ישראלית
ליבת	התנועה להצלת יהודי ברית המועצות והתפוצות
ליט	לירה טורקית
לייזר	LASER—Light Amplification by Stimulated Emission of Radiation
ליל	לירה לבנונית
לימ, לימצ	לירה מצרית
ליס	לירה סורית
	לירה סטרלינג
ליפ	לירה פלסטינאית
לירט	לירה טורקית
ליש, לישט	לירה שטרלינג
לית	לירה תורכית
לכ	לוחמה כימית
לכד	הליגה למניעת כפייה דתית בישראל
לל	לירה לבנונית
למלס, למס	הלשכה המרכזית לסטטיסטיקה
לממ	לשכת מודיעין ממשלתית
למס	לוחמי המדינה לספר
	לוחמים מתנדבים לספר
לע	ליברלים עצמאיים
	לשכת עבודה
לעמ	לשכת עיתונות ממשלתית
לפ	לוחמה פסיכולוגית
לקח	לקט חיקוקים
לקר	לקריאה ראשונה
לרלר	לוד–רמלה, לטרון–רמאללה
לשאי	לשעון ארצישראלי
לשב	לוחמת שטח בנוי
לתא	להק תובלה אווירית
לתמ	לשכה לתפקידים מיוחדים

מ

מ	מועצה
	מחוז
	מילואים
	מנדט
	מעלות

	משרד
מא	מועצה איזורית
	מטה ארצי
	מס אחיד
	מפקד איזור
	מפקדה ארצית
מאא	משמר אזרחי אווירי
	משמר האוויר האזרחי
מאהב	מחלקת ארצות הברית
מאום	מחלקת האומות המאוחדות
מאור	המחלקה לאורחים רשמיים
מאז	מועצה איזורית
	מפקד איזור
מאי	מיל ארצישראלי
	מרכז אגודת ישראל
מאים	מדור האולפנים ירושלים
מאכ	מגבר אור כוכבים
מאכמן	מנהל אגף כלכלה משק ונכסים
מאמ	מרכז אקדמי למחקר
מאנ	מועצת ארגוני נשים
מאס	המחלקה לאסיה
מאסוק	מחלקת אסיה ואוקיאניה
מאעמ	מדינות האמירויות הערביות המאוחדות
מאפ	מחלקת אפריקה
	מחסן אימונים פיקודי
מאפמן	מנהל מחלקת אפסנאות ומחסנים
מאש	מאה שערים
מב	מועצת הביטחון
	מכס ובלו
	מנחם בגין
	מניית בכורה
	מצורף בזה
	משרד הבריאות
מב, מבט	משרד הביטחון
מבאמ	מועצה בינלאומית לאיגודים מדעיים
מבטח	מפקד ביטחון
מבכ	מניית בכורה
מבל	מערכת בינלאומית
מבמ	מחשב בינלאומי משותף
מבן	מוביל מבנה מטוסים
מבנס	מערכת בינלאומית לנתוני סדרונים
מבס	מפקד בסיס

מבר	המחלקה לחבר העמים הבריטי
	משרד הבריאות
מג	מכונית גבול
	מפקד גוש
	מרק גרמני
	משמר גבול
מגא	מגן דוד אדום
מגב	משטרת גבול
	משמר גבול
מגדא	מגן דוד אדום
מגל	מפעלי גאז לישראל בע״מ
	מפקד גליל
מגלד	מפקד גליל הדרום
	Machinengewehr 34
מגלצ	מגלה צוללות
מגלר	מגלה רשף
מגמ	מסיע גייסות משוריין
מגמק	מגלה מוקשים
מגנ	מפקד גדוד נוער
מגס	מגח סילון
מגסול	מגלה סוללות
מגצ	בית משפט גבוה לצדק
	מכשיר גילוי צוללות
מד	מועצה דתית
	ממלכתי דתי
	משרד הדתות
מדא	מגן דוד אדום
מדאר	מנהל הדואר
מדהי	מדינת היהודים
מדי	מדבר יהודה
	מדינת ישראל
מדיח	מדיניות חוץ
מדכ	המפלגה הדימוקרטית של כורדיסתאן
מדל	מפלגה דתית לאומית
מדמ	מילון לדיני מסים
	מרכז דיווח וסטטיסטיקה
מדע	מודיעין עממי
	מועצה דתית עליונה
מדעמ	מדעי המדינה
מדצ	מדריך צניחה
	משרד הדואר הצבאי

מה	מס הכנסה
	מערת המכפלה
מהד	המועצה הדתית
מהח	משרד החוץ
מהי	מדינת היהודים
מהל	המשמר הלאומי
מהמ	ממשלת הוד מלכותו
	מערת המכפלה
	משרד המשפטים
מהס	מחלקת הסברה
מהק	מרחב החזקה קדמי
מהקר	מטען הודף רקטי
מהת	המזרח התיכון
מוהב	מועצת הביטחון
מוהד	המועצה הדתית
מוהמ	מועצת המלך
מוהפ	מועצת הפועלות
מווד	Ministerstvo Vnutrennykh D'el
מומ	מועצה מקומית
מונא	מוקש נגד אדם
מונר	מוקש נגד רכב
מועבט, מועביט, מועהב	מועצת הביטחון
מועגהת, מועצגהת	מועצת גדולי התורה
מועד, מועצד	מועצה דתית
מועהמ	מועצה למען זכויות המיעוטים
	מועצת המלך
מועמ	מועצה מקומית
מופ	מחקר ופיתוח
מוצ	מושל צבאי
מושית, מושת	מושב שיתופי
מושע	מושב עובדים
מז	מטבע זר
מזאר	מזרח אירופה
	המחלקה למזרח אירופה
מזג	מתקן זיקוק גולמי
מזהח	המזרח החדש
מזהרח	המזרח הרחוק
מזהת	המזרח התיכון
מזכל	מזכיר כללי
מזל	מזון לשעת חירום

מזלט	מטוס זעיר ללא טייס
מזפ	מחלקה לזיהוי פלילי
מזקום	מערכת זחלים, קפיצים ומרכובים
מזרהת	המזרח התיכון
מזת	המחלקה למזרח התיכון
מזתים	המחלקה למדינות המזרח התיכון והים התיכון המזרחי
מח	מפקד חזית
	משרד החוץ
	משרד החקלאות
מחא	מפקד חיל אוויר
	מפקדת חיל אוויר
	משרד חקירות אזרחיות
מחד	מפעל חולה דרומי
מחהח	מחלקת החינוך
מחהס	מחלקת הספקה
מחז	מפקד מחוז
מחח	מפעל חברות חוץ
מחט	מפקד חטיבה
מחכא	מחלקה לכוח אדם
מחל	מחלקת חוץ לארץ
	מחנות חוץ לארץ
	מתנדבי חוץ לארץ
מחמ	מדור חקירות מיוחדות
	מחנה מעצר
	מערך חוץ מפלגתי
מחמד	מחלקת המדינה
מחמע	המכון לחקר המשפט העברי
מחסגר	מחנה הסגר
מחע	מחנה עובדים
מחץ	משרד החוץ
מחר	מדעי החברה והרוח
	מדור חקירות, רמאות
מחש	מחלקת חימוש והגנה
	מפקד חימוש
מחת	משרד החינוך והתרבות
מטאר	מטה ארצי
מטבז	מטבע זר
מטבח	מטבע חוץ
מטהמ	מטעם המלך
	מטעם הממשלה
מטח	מטבע חוץ
	מטוס חימוש

מטי מטבע ישראלי
מכון טכנולוגי לישראל
מטכל מטה כללי
מכון טכנולוגי לישראל
מטלר מטול רקיטות
מטן משחית טנקים
מטעהמ מטעם המלכות
מטק מחלץ טנקים
מפקד טנקים
מטר, מטרש מטה ראשי
מי מדבר יהודה
מדינת ישראל
מיל ימי
מיל ישראלי
ממשלת ישראל
מיבלס מערכת יען בינלאומית לנושאי סביבה
מיוכ מיופה כוח
מיז המכון ליהדות זמננו
מיל מילואים
מילב מכון ישראלי לבעיות בינלאומיות
מילדה מכון ישראלי לחקר דעת הקהל
מילעב מכון ישראלי ללימוד עניינים בינלאומיים
מילתם משרד ישראלי לתביעות מגרמניה
מינ מעבדת ירח ניידת
מיע משטרת היישובים העבריים
מיק מרכז ידיעות קרבי
מיר מעטפת יום ראשון
מית מפעלי ייצור תחמושת
מכ מוצא כיוון
ממקש כבישים
מעלת כבוד
מפקח כללי
מכא מדור כוח אדם
מכו, מכי מכונת ירייה
מכמ מגלה כיוון ומקום
מכמת מכ"מ מתנייע
מרגמה כבדה מתנייעת
מכס מחלקת כספים
מכתב סגור
מכפ מושבה כפרית
מכתב פתוח
מפקד כוחות פינוי

[153]

מכר	מפקד כבאות ראשי
מל	משמר לאומי
מלב	מחלקה למלחמה בהסתננות
מלבן	מוסדות לטיפול בעולים נחשלים
מלהע	מלחמת העולם
מלהשח, מלחהש	מלחמת השחרור
מלח	מטה לשעת חירום
	משק לשעת חירום
	מערכות חינוך לשעת חירום
מלחהע	מלחמת העולם
מלט	מחלקת אמריקה הלטינית
	מטוס ללא טייס
מלכא	מועצה ציבורית למניעת כור אטומי
מלכר	מוסדות ללא כוונת רווח
מלל	מכללה לביטחון לאומי
מללת	מועצה לאומית למניעת תאונות
מלמטמ	מרכז לאומי למידע טכנולוגי ומדעי
מלממ	מרכז לאומי למחקר מדעי
מלמר	מוסדות שלא למטרת רווח
מלן	מרכז לעיבוד נתונים
מלרז	מועצה ציבורית למניעת רעש וזיהום אוויר
מלת	מכון למחקר תעשייתי
ממ	מבקר המדינה
	מועצה מקומית
	מושל מחוז
	מחנות מגוייסים
	מיל מצרי
	ממלא מקום
	ממלכתי
	ממלכתי מקומי
	מפעל מאושר
	מקום מחסומים
ממא	מנגנון משקיפי או"ם
ממאב	מערך מוטס לאזהרה ובקרה
ממד	ממלכתי דתי
ממז	מפקח מחוז
ממטמ	מרכז למידע טכנולוגי ומדעי
ממי	מנהל מקרקעי ישראל
מממ	מטוס מונהג מרחוק
	מערך מידע משולב
ממן	מחלקת מודיעין
	מסוף מטענים

	מערכות מידע ניהולי
ממסי	מועדון מכוניות וסיירות בישראל
ממע	מועצה מוסלמית עליונה
ממצ	מפקד משטרה צבאית
ממק	ממלא מקום קצין
ממקר	מהנדס מדור הקשר
ממר	מפקד מרחב
	מפקח מכתבים רשומים
ממרהמ	ממלא מקום ראש הממשלה
ממרמ	מרכז מחשבים ורישום ממוכן בצה"ל
ממש	מפקד משטרה
	מפקד משמר הגבול
	מפקד משנה
	מפקח משנה
	משרד המשפטים
ממשר	מהנדס מדור השידור
ממת	מרכז למחקר ותכנון מדיני
מנ	משמר נע
מנא	מוקש נגד אדם
	מכון הנפט האמריקני
	מרכז ניהול אש
	Mouvement National Algerienne
מנבד	מנהל בנק הדואר
מנגן	מחלקת המנגנון
מנהר	מנהל הרכשה וייצור
מנח	מארגני נוער חוץ לארץ
מנט	מוקש נגד טנק
	מסוק נגד טנקים
מנטלר	מטול נגד טנקי לרגלים
מני	מכון הנפט הישראלי
מנכל	מנהל כללי
מנמה	מנהל משק הדואר
מנמר	מנהלה מרחבית
מנעל	מטוס נוסעים על-קולי
מנר	מוקש נגד רכב
מנש	מצבת לוחמים, נפגעים, שבויי מלחמה
מנת	מצבה, נפגעים, תגבורת
מס	מפקד סוללה
	משרד הסעד
מסא	מפקד סיוע ארטילרי
	מפקדת סיוע ארטילרי
	מרכז סיוע אווירי

מסב	מסילת ברזל
מסול	מפקד סוללה
מסות	מסחר ותעשייה
מסק	מפקדת סיוע ברמת קורפוס
מע	מושב עובדים
	משמר העם
מעהמ	מערת המכפלה
מעהס	מעמד הר סיני
מעי	מפלגת העבודה הישראלית
מעיצ	ממונה על יחסי ציבור
מעל	מס עם לוחם
מעמ	מס ערך מוסף
	מפקד עמדה
	מפקד עמדת מרגמות
מעץ	מחלקת עבודות ציבוריות
מער	המחלקה למערב אירופה
מעת	מאסר על תנאי
	מחלקת העיתונות
מפ	מועצת פועלים
	מועצת הפועלות
	מפלגת פועלים
	משרד הפיתוח
מפאי	מפלגת פועלי ארץ ישראל
מפאר	מפקדה ארצית
מפגוש	מפקד גוש
מפגק	מפקד גדוד קדמי
מפגש	מפקד גייסות שריון
מפדל	מפלגה דתית–לאומית
מפחט	מפקדת חטיבה
מפטק	מפקדה טקטית קדמית
מפכל	מפקד כללי
	מפקח כללי
מפלדל	מפלגה דתית לאומית
מפלן	מפעלים לייצור נשק
מפלת	מפעלים לייצור תחמושת
מפמ	מפלגת פועלים מאוחדת
מפמת	מפרץ פרסי, מזרח תיכון
מפן	מפקד נפה
מפסע	מפלגת פועלים סוציאליסטית עברית
מפע	מזכירות פיקוד עליון
מפעי	מפלגת העבודה הישראלית

מפצ	מכשיר פיענוח צילומים
מפצר	מפקדת פרקליט צבאי ראשי
מפתח	מסחר, פיתוח, תעשייה, חקלאות
מצ	מפקדה צבאית
	משטרה צבאית
מצח	משטרה צבאית, חקירות
מצלח	מרכז ציוד לחימה
מצמ	מחלקת ציוד מוחזר
מצפא	המחלקה לצפון אמריקה וקנדה
מצפע	מוצב הפיקוד העליון
מק	מכשיר קשר
	מלווה קליטה
	מס קנייה
	מערכת קשר
	מפלגה קומוניסטית
	מקלט
מקאי	המפלגה הקומוניסטית הארצישראלית
מקב	מקלע בינוני
	מקלע בראונינג
מקבמ	המפלגה הקומוניסטית של ברית המועצות
מקה	מס קנייה
מקהנר	מפקדת קצין הנדסה ראשי
מקהסר	מפקדת קצין הספקה ראשי
מקח	שיעורי מכס, מס קנייה, תשלומי חובה
	מקלע חטיבתי
מקחשר	מפקדת קצין חימוש ראשי
מקי	המפלגה הקומוניסטית הישראלית
מקכ	מקלע כבד
מקל	מלווה קליטה
	מקלע קל
מקלפ	מקלע פלוגתי
מקמ	מלווה קצר מועד
מקמצר	מפקדת קצין משטרה צבאית ראשי
מקע	המפלגה הקומוניסטית של עיראק
מקצב	המחלקה לקשרים עם הציבור הישראלי
מקצחשר	מפקדת קצין חימוש ראשי
מקרפר	מפקדת קצין רפואה ראשי
מקרשר	מפקדת קצין קשר ראשי
מקתמר	מפקדת קצין תותחנים ראשי
מר	מהנדס ראשי
	מזכיר ראשי

	מנייה רגילה
	מס רכוש
	מפקדה ראשית
מרבד	מדור רישום ביקורת ודיווח
מרג	מרגמה
	מרק גרמני
מרה	משרד ראש הממשלה
מרי	מחנה רדיקלי ישראלי
מרמ	מועצת הרבנים המתקדמים
מרן	מחלקת ריגול נגדי
מרנט	מטול רובה נגד טנקים
	מטול רימון נגד טנקים
	מטול רקטות נגד טנקים
מרפ	מפקד רפואה פיקודי
	Mouvement Republican Populaire
מרשל	מרחב שלמה
מש	מברק שירות
	מושב שיתופי
משא, משאז	משמר אזרחי
משב	המחלקה לשיתוף בינלאומי
משה	מלחמת ששת הימים
משהב	משרד הבריאות
משהבט	משרד הביטחון
משהד	משרד הדתות
משהח	משרד החוץ
	משרד החינוך
משהחק	משרד החקלאות
משהן	מנהל שירותי הנדסה
משהע, משהעב	משרד העבודה
משהפ	משרד הפנים
משוף	המחלקה לשוק השיתופי המשותף
משט	מנהל שיתוף טכני
	מפקד שייטת
	מצע לשיתוף טכני
משי	מחלקת שירות ידיעות
	שירות מודיעין
משל	מרכז שירותים להשקעות ולתיירות
משמ	מרכז שירותי מחשבים
משמאז	משמר אזרחי
משן	המחלקה לשביתת נשק
משק	מפקד שאינו קצין
משרהח	משרד החינוך

מת נועם

מת	מוצב תצפית
	מזרח תיכון
מתא	מנהל התעופה האזרחית
מתי	מכון התקנים הישראלי
	מערכת תיור על הירח
מתמ	המחלקה לתפקידי מטה
	המחלקה לתפקידים מיוחדים
	מערכת תחבורה משולבת
	מפעל תרגומי המדע
מתמכ	מחלקה לתכנון מדיני כלכלי
מתס	מרכז לתשלומי סעד
מתעל	מטוס תובלה על־קולי
מתפ	מפקד תותחנים פיקודי
מתצ	ממונה על תלונות הציבור
	מפקדת תצפית
מתש	מחלקת תנאי שירות
	מחלקת תשלומים
	מנהל תשלומים
מתת	מציון תצא תורה

נ

נא	נגד אדם
נאה	נשיא ארצות הברית
	נגד ארטילריה
נאטו	North Atlantic Treaty Organization
נאסא	National Air and Space Administration
נאפ	נקודת איסוף פלוגתית
נבא	נציבות בינלאומית לאלקטרוטכניקה
נג	נגד גז
	נקודת גובה
ננט	נשק גרעיני טקטי
ננמש	נושא גייסות משוריין
נדע	נוער דתי עובד
נהע	הנציב העליון
נהע	ניירות הערך
נהת	נמל התעופה
נובאגי	נשי ובנות אגודת ישראל
נוהע, נוע	הנוער העובד
נוהצ	הנוער הציוני
נוחם	נוער חלוצי מאוחד
נועל	הנוער העובד והלומד
נועם	נוער מזרחי

נוצ	נוער ציוני
נוק	נומרוס קלאוזוס
נח	נוסח חדש
	נמל חיפה
נחל	נוער חלוצי לוחם
נחלם	נחל מוצנח
נחם	נוער חלוצי מאוחד
נט	נגד טנקי
נטוק, נטק, נטרק	נטורי קרתא
נטק	נושאת טנקים
	נחתת טנקים
ניאוק	National Iranian Oil Company
נילי	נוער יהודי למען ישראל
	נצח ישראל לא ישקר
ניע	ניירות ערך
נכבד	נשק כבד
נלא	נגד לוחמה אלקטרונית
נמ	נגד מטוסים
	נושאת מטוסים
	ניצב משנה
נמה	נציבות מס הכנסה
נמרש	מרגמה על נגמ"ש
נמת	נקודת מצבור תחמושת
נן	נושא נשק
ננר	נוחתת נושאת רגלים
נס	נגד סוללות
נע	נוער עובד
	ניירות ערך
נעד	נוער עובד דתי
נעל, נעלל	נוער עובד ולומד לאומי
נעלא	נשי עליית אפגניסטן
נעם	נוער עקיבא מזרחי
נעמת	נשים עובדות ומתנדבות
נפלם	Naphtenate Palmitate
נצ, נצל	נגד צוללות
נצח	נוער צופי חלוצי
נצמ	ניצב משנה
נק	נומרוס קלאוזוס
	נטורי קרתא
נק, נקל	נשק קל
נקווד	Narodniĭ Komissariat Vnutrennykh D'el

נר	נגד ריגול
	נעדר
נרג	נחתת רגלים
נשם	נציבות שירות המדינה
נת	נמל תעופה
נתד	ניירות ערך תמורת דיבידנדים
	ניירות תמורת דולרים
נתץ	נציבות תלונות הציבור

ס

סא, סאל	סגן אלוף
	סוללת איתות
סאאטו	South-East Asia Treaty Organization
סאלט	Strategic Arms Limitations Talks
סאם	Surface to Air Missiles
סאס	Scandinavian Air Service
סאצ	סיוע אווירי צמוד
סאק	Strategic Air Command
סבאא	סוכנות בינלאומית לאנרגיה אטומית
סבמ	סוכנות ביון מרכזית
סגא	סגן אלוף
סד	סוציאל דימוקרט
סדכ	סדר כוחות
סה, סהח	ספר החוקים
סהי, סוהי, סוכהי	הסוכנות היהודית
סהל	הספר הלבן
סהתק	ספר התקנות
סוב	סולל-בונה
סומד	Suez-Mediterranean Pipeline
סח	ספר חוקים
סטא	סוכנות טלגרפית ארצישראלית
סטיל	ספינת טילים
סטר	סירת טורפדו
	ספינת טורפדו
סיא	סוכנות ידיעות אלג׳ירית
סיבה	סבל יהודי ברית המועצות
סיביו	Cluster Bomb Unit
סיבט	סגן מנהל כללי ליצוא בטחוני
סיטו	South East Asia Treaty Organization
סיל	סוכנות ידיעות לובית

סוכנות ידיעות מרוקנית	סימ
סוכנות ידיעות מזרח אירופית	סימא
סוכנות ידיעות מזרח תיכונית	סימזת
סוכנות ידיעות של סין החדשה	סיסח
סוכנות ידיעות ערבית	סיע
סוכנות ידיעות צ'כית	סיצ
סוכנות ידיעות צרפתית	
Société Irano–Italienne des Pétroles	סיריפ
סגל מדעי אקדמי	סמא
סגן מפקד בסיס	סמבס
סגן מפקד גבול	סמגב
סגן מפקד גדוד	סמגד
סגן מפקד גוש	סמגש
סגן מפקד חטיבה	סמחט
סגן מנהל כללי	סמכל, סמנכל
סוכנות מרכזית לעיתונות	סמל
סגן מפקח מחוז	סממ, סממז
סגן מפקח כללי	סמפכל
סגן מפקד נפה	סמפן
סגן מפקד פלוגת רכב	סמפר
סיירת משמר	סמר
ספינת משמר	
סגן מפקד שייטת	סמשט
סוכני מכס ותחבורה	סמת
סגן ניצב	סנ
Special Night Squads	סנס
סגן ניצב	סנצ
סוכנות הסעד והתעסוקה של או"ם	ססות
ספינת סיור מהירה	ססמ
סיעה סוציאליסטית עצמאית	סע
Special Police	ספ
סוכנות לפיתוח בינלאומי	ספב
סגל פיקוד כללי	ספכ
סגן קצין ביטחון ראשי	סקבר
סוציאליסט ריבולוציונר	סר
סגן ראש הממשלה	סרהמ
סגן ראש המטה הכללי	סרמטל
סדרי שלטון ומשטר	סשום
ספינת תותחים	סתח
ספינת תותח מנועית	סתם

ע

ע	עברית
	עולה
	עותק
	עמוד
	ערעור
	עתי״ם
עא	ערעור אזרחי
עב	ערעור בחירות
עבדבל	ערעור בית דין לביטוח לאומי
עבדם	ערעור בית דין למשמעת של עובדי המדינה
עבדצ	ערעור בית הדין הצבאי לערעורים
עבהי, עהי	עבר הירדן
עבל	ערעור ביטוח לאומי
עבם	עצמים בלתי מזוהים
עג	ערעור גמלאות
עהנ	עליית הנוער
עוהצ	העובד הציוני
עוש	עובר ושב
עחם	ענף חקירות מיוחדות
עיהק	עיר הקודש
עינוק	Iraq National Oil Company
עיקו	עיר קודשנו ותפארתנו
עיקתו	עיר קודשנו תיבנה ותיכונן
עלה	עיטור לוחמי המדינה
	עיטור לוחמי המחתרת
עמ	עצמאיים ממלכתיים
	ערבון מוגבל
עמה	ערעור מועצת המלך
	ערעור מס הכנסה
עמהמ, עמוהמ	ערעור מועצת המלך
עמי	עוזי מדינת ישראל
	עיטור מוקירי ישראל
עמל	עתודות מילואים
עממ	ערעור בית משפט מחוזי
	ערעור מועצה משפטית
עמע	ערעור מס עיזבון
עמש	ערעור מס שבח
עמשמ	ערעור מס שבח מקרקעים

[163]

ען	עבריין נמלט
	עיר נמל
	ענף נשק
	ערך נומינלי
	ערך נוסף
	ערך נקוב
ענאוק	Iraq National Oil Company
ענמנ	ערעור נכי המלחמה בנאצים
עסטא	עתי"ם סט"א
עע	עם עובד
	ערעור עוון
עפ	ערעור פיצויים
	ערעור פלילי
עפח	ערעור פשע חמור
עצ	העובד הציוני
	ערעור לבית הדין הצבאי לערעורים
	עתי"ם צרפת
עק	עיר קודש
	ערעור קרקעות
עקהש	על קידוש השם
ער	עולה רגל
	עולי רומניה
	עזרה ראשונה
	עיתון רשמי
	עתי"ם רויטרס
ערי	עיתון רשמי, ישראל
ערמ	העיתון הרשמי המנדטורי
עש	ערעור שומה
	ערעורים שונים
עשמ	ערעור שירות המדינה
עשת	עתי"ם שירותי תמסורת
עתא	עיריית תל אביב
עתח	ערעור לפי תקנות חירום
עתים	עתונות ישראלית מאוגדת
עתמ	ענף לתפקידים מיוחדים
	ערעור תפיסת מקרקעים
עתצ	עמדת תצפית
עתש	ענף תנאי שירות

פ

פ	פיקוד

	פלילי
	פקודה
	פרסום
פאאו	Food and Agriculture Organization
פאגי, פאי	פועלי אגודת ישראל
פאסא	Palestine Agricultural Settlement Association Ltd
פאק	Palestine Economic Corporation
פאר	פדרלית של ארצות הברית
פאש	פקדונות אשראי
פביאיי	Federal Bureau of Investigation
פד	פסק דין
פדא	פסקי דין אזרחיים
פדבל	פסקי דין ביטוח לאומי
פדי	פסקי דין ישראליים
	פסקי דין של בית המשפט העליון לישראל
פדים	פסקי דין מסים
פדמ	פסקי דין מחוזיים
	פסקי דין בענייני מסים
פדע	פסקי דין עבודה
פדר	פסקי דין רבניים
פהב	פקודת הבלו
פהד	פיקוד הדרום
פהח	פקודת החברות
פהמ	פקודת המכס
פהע	הפיקוד העליון
פהצ	הפועל הצעיר
	פיקוד הדרכה צבאית
	פסקי הלכות צבא
פואגי	פועלי אגודת ישראל
פוהמז, פועהמז	הפועל המזרחי
פוהצ פועהצ	הפועל הצעיר
פומ	פושעי מלחמה
	פיקוד ומטה
	פעולות מיוחדות
פועצ, פוצ	פועלי ציון
פורי	Public Opinion Research in Israel
פוש	פלוגות שדה
פזמ	פרק זמן מינימלי
פזק	פקדונות לזמן קצוב
פחח	פלוגה חטיבתית חיל רפואה
פחע	פעולות חבלה ערביות
	פעילות חבלנית עויינת

פחפ	פקודת החוק הפלילי
פיאיסי	Palestine Economic Corporation
פיקא	Palestine Jewish Colonisation Association
פלא	פקדונות לזמנים ארוכים
פלבס	פלוגה בסיסית
פלים	פלוגה ימית
פלמ	פטרול לוחם
	פלוגות לילה מיוחדות
פלמד	פלוגות מדע
פלמח	פלוגות מחץ
פלנ	פצצה שלא נתפוצצה
	Front de Liberation Nationale
פלס	פלוגות סיוע
פלסר	פלוגת סיור
פלקד	פלוגה קדמית
פמ	הפועל המזרחי
	פלוגה מיוחדת
	פסקים מחוזיים
	פקדון מכס
	פקודת מטכ"ל
	פרוטוקול מוסף
	פרסום ממשלתי
	פרסומי מפקד
	פרסומים מיוחדים
	Field Marshal
פמה	פקודת מס הכנסה
פמז	פקדונות במטבע זר
פממ	פקודת המלך במועצה
פמנ	פסקים מחוזיים נבחרים
פמפ	Palestine Military Police
	Palestine Mobile Force
פנ	Fabrique National
פנצ	פסקי דין נבחרים של בתי המשפט הצבאיים בשטחים המוחזקים
פנצע	פסקי דין נבחרים של בית הדין הצבאי לערעורים
פסדע	פסקי דין עבודה
פסח	פינוי סעד חללים
פסמ	פסקי דין מחוזיים
פסמת	פסקי דין מחוזיים, תמציות
פסק	פיקוח על סכנות קרינה
פסשומ	פקודת סדרי השלטון והמשפט

פע	פיקוד עליון
	פסקים עליון
פעאמ	פדרציה עולמית של איגודים מקצועיים
פעהק	פה עיר הקודש
פעות	פעולת תגמול
פפ	Palestine Post
פפ, פפפ	פקודת הפרוצדורה הפלילית
פצ	פועלי ציון
	פיקדון צמוד
פצמ	פעולה צבאית משולבת
	פצצת פיצוח מסלולים
פצע	פסקי דין של בית הדין הצבאי לערעורים כערכאת ערעור על
	בתי המשפט הצבאיים
פצר	פרקליט צבאי ראשי
פקל	פקודות קבע לקרב
פקצ	פיקדון לזמן קצוב
פרצ	פרנק צרפתי
	פרקליט צבאי
פרש	פרנק שווייצרי
פש	פונט שטרלינג
	פקודת השטרות
	פקודת שומה
פשמ	פעילות שיטור מרוכזת
פשצ	פלוגות שירות צבאי
פת	פקודת תעבורה
פתב	הפדרציה של התעשיות הבריטיות
פתז	פקדונות תושבים במטבע זר
פתח	פקדונות תושבי חוץ
	חרכת תחריר פלסטין
פתוא	Professional and Technical Workers' Aliyah
פתמ	פיקדון תושב מקומי

צ

צ	צבא
	צוללת
	ציון
צא	צפון אפריקה
צאב	הצלב האדום הבינלאומי
צאומ	צאו מבבל
צאח	צעירי אגודת חב"ד

צאי	ציוני ארץ ישראל
	צעירי אגודת ישראל
צבט	ציוד ביטחון
צבמ	ציוד ביטחון ממונע
צגמ	צוות גדודי משוריין
צהג	צו הגיוס
	צו ההגנה
צהכ	הציונים הכלליים
צהל	צבא הגנה לישראל
צהר	הציונים הרביזיוניסטים
צח	צו חירום
	ציונים חדשים
צחמ	צוות חטיבתי משוריין
	צוות חקירה מיוחד
ציח	ציון ידיעות חיוניות
צימ	צי ימי מסחרי
צלמ	ציוד לחימה מבוקר
צלע	צבא לאומי ערבי
	צבא לבנון ערבי
צמ	צבא מהפכה
	צבא מילואים
צממ	צוות מחלקתי משוריין
	צוות מטה מיוחד
צסמט	צוותי סער משוריינים מוטסים
צעח	צעירי חב"ד
צעי	צבא ערבי ירדני
צפא	צפון אפריקה
צפמ	צוות פלוגתי משוריין
צקמ	צוות קרב משוריין
צשף	צבא שחרור פלסטינאי

ק

ק	קצין
קא	קרקע אוויר
קאגמ	קצין אגף מבצעים
קאר	Cooperative of American Remittances to Europe CARE
קבהא	הקיבוץ הארצי
קבהד	הקיבוץ הדתי
קבהמ	הקיבוץ המאוחד
קבט	קצין ביטחון

קבמ	קצין בקרה מבצעי
קבר	קצין ביטחון ראשי
קבש	קצין ביטחון שדה
	קצין ביטחון שוטף
קג	קיבוץ גלויות
קגב	Komitet Gosudarstvennoi Bezopastnosti
קדם	קובץ דיני מסים
קדצ	קדם צבאי
קהי, קהיס	קרן היסוד
קהנר	קצין הנדסה ראשי
קהסר	קצין הספקה ראשי
קהקל	הקרן הקיימת לישראל
קהש	קרן השואה
קהת	קובץ התקנות
קוהע, קוהעו	הקונגרס היהודי העולמי
קועת	קובץ החלטות של ועדת העררים לתובענות בשטחים המוחזקים
קחלר	קצין חיל ראשי להגנה מרחבית והג"א
קחמר, קחשר	קצין חימוש ראשי
קחק	קצין חיל קשר
קחש	קצין חימוש
קחשר	קצין חיל שריון ראשי
קי	קול ישראל
קלטקס	California–Texas Oil Company
קמא	קהילייה מרכז אפריקאית
קמב	קצין מטה בכיר
	קרן המטבע הבינלאומית
קמבץ	קצין מבצעים
קמג	קרייה למחקר גרעיני
קמח	קצין מפקד חטיבה
קמט	קצין מטה
קמנר	קצין מודיעין ראשי
קמפ	קצין מבצעים פלמ"ח
קמצר	קצין משטרה צבאית ראשי
קמק	קו מוצבים קדמיים
קנא	קצין ניהול אש
קס	קצין סוללה
קסא	קצין סיוע אווירי
קעם	קהילייה ערבית מאוחדת
קעת	קצין עיתונות
	קצין עמדת תותחים
קפאפ	קרב פנים אל פנים
קצאא	קו צינור הנפט אילת אשקלון

קצחר	קצין צנחנים וחיל רגלים ראשי
קצמ	קצין מטה
קצנר	קצין צנחנים ראשי
קצק	קצין קשר
קק	קרקע קרקע
קקל	קרן קיימת לישראל
קקק	קצין קישור קרקע
קקר	קצין קשר ראשי
קר	קריאה ראשונה
קרח	קצין רכב חטיבתי
קרפר	קצין רפואה ראשי
קשא	קצין קשר ארטילרי
קשלח	קצין שלישות חטיבתי
קשלפ	קצין שלישות פיקודי
קשנ	קריאה שנייה
קשנש	קריאה שנייה ושלישית
קשנר	קצין שריון ראשי
קשק	קצין שירות קשר
קשרר	קצין קשר ואלקטרוניקה ראשי
קשתומ	המחלקה לקשרי תרבות ומדע
קת	קובץ תקנות
קתב	קונפדרציה של התעשיות הבריטיות
קתמ	קצין לתפקידים מיוחדים
קתמח	קצין תותחנים חילי
קתמר	קצין תותחנים ראשי
קתק	קצין תצפית קדמי
	קצין תקשורת
קתר	קצין תורן
	קצין תותחנים ראשי

ר

ר	רויטרס
	רשום
רא	רב אלוף
ראהמ	ראש הממשלה
ראל	רב אלוף
ראס	רשות לאיכות הסביבה
ראפ	Royal Air Force
רבצר	רב צבאי ראשי
רבשצ	רכז ביטחון שוטף צבאי

רג	רמת הגולן
רדאר	Radar Detecting and Ranging
רדת	הריפובליקה הדימוקרטית התימנית
	רפובליקת דרום תימן
רהמ, רוהמ	ראש הממשלה
רואט	רובה אוטומטי
רומט	רובה מטען
רוממ	ראש ממשלת מצרים
רוסר	רובה סער
רטי	רדיו טלגרף ישראל
ריב	ריבונות ישראל בשטחים
רינט	רימון יד נגד טנקים
רמ	ראש ממשלה
	רשימה ממלכתית
	רשימת מעבר
רמא	ראש המטה הארצי
רמהג	רמת הגולן
רממ	ראש ממשלה
רמפ	ראש ממשלה בפועל
רנ	ריגול נגדי
רנט	רימון נגד טנק
רע	רשות ערעור
רעח	ראש ענף חקירות
רעמ	רדיו ערבי מאוחד
	רפובליקה ערבית מאוחדת
רעפ	רפובליקה עממית פדרלית
רעת	רפובליקה ערבית תימן
רפ	רישום פלילי
	רשות פיתוח
	רשימה פוליטית
רפאל	רשות פיתוח אמצעי לחימה
רפג	רפובליקה פידרלית גרמנית
רפי	רשימת פועלי ישראל
רפק	רב פקד
רקח	רשימה קומוניסטית חדשה
רקמ	רכב קרבי משוריין
	Ręczny Karabin Maszynowy
ררנא	רומה רימון נגד אוויר
ררנט	רומה רימון נגד טנקים
רשבג	רשימה של ביקורת גבולות
רשד	רשם הדואר הדיפלומטי

רשהש	רשות השידור
רת	ראשי תיבות

ש

ש	שטח
	שליש
	שריון
שא	שירות אווירי
	שירות אזרחי
	שירות ארצי
שאהפ	שארית הפליטה
שאל	שירות אווירי לישראל
	שירותים אוניברסיטאיים לחו"ל
שב	שירות בולאי
	שירות ביטחון
שבהנ, שביהנ, שביתהנ	שביתת הנשק
שבכ	שירות ביטחון כללי
שבס	שירות בתי הסוהר
שבע	שירותי בריאות לעולים
שבש	שריון בשריון
שג	שומר גבול
	שירות גבול
שדמ	שדות מוקשים
שדצ	שירות דואר צבאי
שהבט	שר הביטחון
שהו	שיבת החרש והמסגר
שהח	שר החוץ
	שר החינוך
שהל	השירות הלאומי
שהמ	השירות המטאורולוגי
	שר המשפטים
שהנ	שביתת הנשק
שהפ	שר הפנים
שהתח	שר התחבורה
שהתק	שר התקשורת
שח	שעת חירום
שחכ	שירות חקירות כללי
שחל	שירות חוץ לארץ
שחק	שירות חיול וקליטה

שיא	שירות ידיעות אזרחי בע"מ
שיח	שמאל ישראלי חדש
שיל	שירות לאומי
שין בשין	שריון בשריון
שלח	שיקום לוחמי חופש
	שירות לשעת חירום
שלי	שלום לישראל, שוויון לישראל
שלר	שלישות ראשית
שלת	שירות ללא תשלום
שמ	שירותי מודיעין
	שדה מוקשים
שמז	שוטר מוסף זמני
שמיר	שומרי מצוות יוצאי רוסיה
שממ	שירות מילואים
	שירות מילואים מיוחד
שמע	שירות מכללות עולמי
שמפ	שירות מילואים פעיל
שמצ	שירות מודיעין צבאי
שמש	שירות משוריינים
	שירות מכוניות שריון
שנא	שריון נייד אוויר
שנמ	שירותי נמל מאוחדים
שסי	שמאל סוציאליסטי ישראלי
שסנ	שירות סדיר נוסף
שע	שלטון עצמי
שעח	שעת חירום
שער	שליט ערבי ראשון
	שעת רצון
שפמ	שיטת פיקוח על מט"ח
שצ	שוטר צבאי
	שירות ציבורי
שקד	שטחים קדמיים
שקמ	שירות קנטינות ומזנונים
שקק	שדה קרב קדמי
שר	שירות רפואה
ששש	שנת שירות שלישית
שת	שדה תעופה
	שירות התעסוקה

ת

ת	תביעה

	תחנה
	תיק
	תקנה
תא	תיק אזרחי
	תל אביב
תאגד	תחנת איסוף גדודית
תאל	תת אלוף
תאמו	תקנות אגף המכס והבלו
תאפ	תיק אפוטרופסות
תאש	תקנת אגודות שיתופיות
תבאי	תערוכת בולים ידידות אפריקה–ישראל
תבל	תביעות ביטוח לאומי
תבק	תיק בקשה
תגר	תחנת כוח גרעינית
תדל	תובלת דרג לוחם
תהג	תקנות ההגנה
תהל	תכנון המים לישראל בע"מ
	תנועת ההתנגדות לנסיגה
תהצ	תשלומי העברה ציבוריים
תה(שח)	תקנות ההגנה (שעת חירום)
תובבא	תיבנה ותיכונן במהרה בימינו אמן
תודא	תודעת אויב
תוכל	תובע כללי
תולר	תותח ללא רתע
תומת	תותח מתנייע
תוסע	תוספת לעיתון הרשמי
תוצר	תובע צבאי ראשי
תז	תעודת זהות
תחכ	תחנת כוח
תטלג	תרגיל טקטי ללא גייסות
תי	תוספת יוקר
	תיק ירושות
	תקן ישראלי
תיפ	תיק פלילי
תיפל	תיק פשעי ריגול
תכג	תחנת כוח גרעינית
תכמ	תקנון כספים ומשק
תלג	תוצר לאומי גולמי
תלמ	התנועה ליהדות מתקדמת
	תנועת ליכוד מזרחי
תלן	תוצר לאומי נקי
	תפוקה לאומית נקייה

תקנת משנה	תמ
תושב מביא מטבע	תממ
תת מקלע	תמק
תעשייה מסחר ותיירות	תמת
תותח נגד מטוסים כבד	תנמכ
תת ניצב	תנצ
תרגילי סדר חמושים	תסח
תעשייה אווירית	תעא
תנועת עבודה ליברלית	תעל
תעשייה צבאית	תעש
תביעה פלילית	תפ
תיק פלילי	
תיק פשע חמור	תפח
תעודת פיקדון סחירה	תפס
תצלום אוויר	תצא
תצלום אוויר אנכי	
תפקידים מיוחדים	תפקמ
תובע צבאי ראשי	תצר
תיק קרקעות	תק
תקנת ניירות ערך	תקניע
תקנון שירות חובה	תקשח
תקנות לשעת חירום	
תקנון שירות המדינה	תקשיר
תחנת שירות במחתרת	תשב
תעריפי שירותים בישראל	תשבי
תנועת השחרור הישראלית	תשי
תיירות ושירותי תעופה בע"מ	תשת
תקנות תעבורה (סדרי תנועה)	תת (סע)
תוספת תנאי שירות	תתש

international associations, organizations, and treaties

International Association for Ecology	האגודה הבינלאומית לאקולוגיה
International Association of Legal Science	האגודה הבינלאומית למדעי המשפט
International Development Association	האגודה הבינלאומית לפיתוח
International Air Transport Association (IATA)	האגודה הבינלאומית של חברות תעופה
International Law Association (ILA)	אגודה למשפט בינלאומי
Société de Législation Comparée	האגודה לענייני תחיקה השוואתית
Society for International Development	האגודה לפיתוח בינלאומי
Red Crescent Society	אגודת הסהר האדום
International Bar Association	אגודת הפרקליטים הבינלאומית
United Nations	האומות המאוחדות
International Union of Marine Insurance	האיגוד הבינלאומי לביטוח ימי
International Union for the Protection of Literary and Artistic Works	האיגוד הבינלאומי להגנת יצירות ספרותיות ואמנותיות
International Development Association	האיגוד הבינלאומי לפיתוח
International Air Transport Association (IATA)	האיגוד הבינלאומי לתובלה אווירית
International Union of Official Travel Organizations	האיגוד הבינלאומי של ארגוני הנסיעות הרשמיים
International Federation of Teachers' Unions (IFTU)	האיגוד הבינלאומי של הסתדרויות מורים
International Union of Aviation Insurers	האיגוד הבינלאומי של מבטחי תעופה
International Union of Local Authorities (IULA)	האיגוד הבינלאומי של רשויות מקומיות
World Postal Union	איגוד הדואר העולמי
International Telecommunication Union	איגוד הטלקומוניקציה הבינלאומי
Air Transport Association	איגוד התובלה האווירית
European Payments Union (EPU)	איחוד התשלומים האירופי
United Arab Emirates	האמירויות הערביות המאוחדות
Convention on the Abolition of Slavery, the Slave Trade and Institutions and Practices Similar to Slavery, 1930.	אמנה בדבר ביטול העבדות, סחר עבדים ומוסדות ומנהגים הדומים לעבדות, 1930.
Convention concerning the Abolition of Forced Labour	אמנה בדבר ביטול עבודת כפייה
Convention for the Limiting the Manufacture and Distribution of Narcotic Drugs	אמנה בדבר הגבלת ייצורם והסדרת הפצתם של סמים נרקוטיים

Convention concerning the Protection of Wages	אמנה בדבר הגנת השכר
Convention on Fishing and Conservation of the Living Resources of the High Seas	אמנה בדבר הדייג ושימור אוצרות הטבע בים הפתוח
Convention on the Political Rights of Women	אמנה בדבר זכויותיהן המדיניות של נשים
Convention concerning Freedom of Association and Protection of the Right to Organize	אמנה בדבר חופש ההתאגדות והגנת הזכות להתארגן
Convention concerning the International Exchange of Publications	אמנה בדבר חילוף בינלאומי של פרסומים
Convention concerning the Exchange of Official Publications and Government Documents between States	אמנה בדבר חילוף פרסומים רשמיים ומסמכים ממשלתיים בין מדינות
Convention on the Territorial Sea and the Continguous Zone	אמנה בדבר הים הטריטוריאלי והאיזור הסמוך
Convention on the High Seas	אמנה בדבר הים הפתוח
Convention on the Continental Shelf	אמנה בדבר המדף היבשתי
Protocol concerning the Declaration of Death of Missing Persons	אמנה בדבר הצהרה על מותם של נעדרים
Convention for the Avoidance of Double Taxation with respect to Taxes on Income and Capital	אמנה בדבר מניעת מסי כפל על הכנסה והון
Convention on the Status of Stateless Persons	אמנה בדבר מעמדם של מחוסרי אזרחות
Convention on the Establishment of the International Computation Centre	אמנה בדבר מרכז החישוב הבינלאומי
Convention relative à la Procédure Civile	אמנה בדבר סדרי הדין האזרחי
Convention on Road Traffic	אמנה בדבר תנועה בדרכים
Convention concerning International Expositions	אמנה בדבר תערוכות בינלאומיות
Convention concerning Technical Cooperation	אמנה בדבר שיתוף טכני
International Convention relating to Stowaways	אמנה בינלאומית בדבר נוסעים סמויים
International Convention for the Safety of Life at Sea	אמנה בינלאומית בדבר בטיחות החיים בים
International Convention relating to the Limitation of the Liability of Owners of Sea-Going Ships	אמנה בינלאומית בדבר הגבלת אחריותם של בעלי אניות

International Load Line Convention	אמנה בינלאומית בדבר קווי–טעינה
International Convention for the Prevention of Pollution of the Sea by Oil	אמנה בינלאומית למניעת זיהום הים בנפט
International Telecommunication Convention	אמנה בינלאומית לענייני טלקומוניקציה
Convention (No. 5) Fixing the Minimum Age for Admission of Children to Industrial Employment	אמנה (מס' 5) הקובעת את הגיל המינימלי לקבלת ילדים בתעסוקה תעשייתית
Convention and Administrative Arrangement concerning Military Service of Holders of Dual Nationality	אמנה והסדר מנהלי בדבר שירותם הצבאי של בעלי אזרחות כפולה
Convention for the Suppression of Unlawful Seizure of Aircraft	אמנה לדיכוי תפיסה בלתי חוקית של כלי טיס
Convention for the Protection of Civilian Persons in Time of War	אמנה להגנת אזרחים בימי מלחמה
Convention for the Protection of Cultural Property in the Event of Armed Conflict	אמנה להגנת נכסי תרבות בשעת סכסוך מזוין
Convention for Cultural Exchange	אמנה לחילופי תרבות
Convention for the Avoidance of Double Taxation	אמנה למניעת מסי כפל
Convention against Discrimination in Education	אמנה נגד אפלייה בחינוך
Universal Copyright Convention	אמנה עולמית בדבר זכות יוצרים
Convention Internationale de l'Opium	אמנת אופיום בינלאומית
International Labour Organisation Convention concerning the Abolition of Forced Labour	אמנת ארגון העבודה הבינלאומי בדבר ביטול עבודת כפייה
Berne Convention	אמנת ברן
Geneva Convention for the Amelioration of the Condition of Wounded, Sick and Shipwrecked Members of Armed Forces at Sea of August 12, 1949	אמנת ג'ניבה מ–12 באוגוסט 1949 להטבת מצבם של פצועים, חולים ונטרפי אוניות מבין אנשי הכוחות המזויינים בים
Geneva Convention for the Amelioration of the Condition of the Wounded and Sick in Armed Forces in the Field of August 12, 1949	אמנת ג'ניבה מ–12 באוגוסט 1949 להטבת מצבם של פצועים וחולים מבין אנשי הכוחות המזויינים בשדה הקרב
Geneva Convention relative to the Protection of Civilian Persons in Time of War	אמנת ג'ניבה בדבר הגנת אזרחים בימי מלחמה
Geneva Convention relative to the Treatment of Prisoners of War	אמנת ג'ניבה בדבר הטיפול בשבויי מלחמה

Social Security Convention	אמנת הביטוח הסוציאלי
Universal Postal Convention	אמנת הדואר העולמית
Convention on Extradition	אמנת הסגרה
Vienna Convention on Diplomatic Rights	אמנת וינה בדבר יחסים דיפלומטיים
Customs Convention	אמנת מכס
Intergovernmental Maritime Consultative Organization (IMCO)	ארגון בינממשלתי מייעץ לעניינים ימיים
United Nations Educational, Scientific and Cultural Organization (UNESCO)	ארגון האומות המאוחדות לענייני חינוך, מדע ותרבות
United Nations Truce Supervision Organization (UNTSO)	ארגון האומות המאוחדות לפיקוח על ההפוגה
United Nations Industrial Development Organization (UNIDO)	ארגון האומות המאוחדות לפיתוח תעשייתי
European and Mediterranean Plant Protection Organisation	הארגון האירופי והים תיכוני להגנת הצומח
European Organisation for Quality Control (EOQC)	הארגון האירופי לבקרת איכות
Organisation for Economic Co-operation and Development (OECD)	הארגון האירופי לשיתוף פעולה כלכלי ולפיתוח
International Civil Aviation Organization	הארגון הבינלאומי לתעופה אזרחית
International Criminal Police Organisation (Interpol)	הארגון הבינלאומי של המשטרה הפלילית
Inter-Governmental Maritime Consultative Organization	הארגון הבינממשלתי המייעץ לעניינים ימיים
World Health Organization (WHO)	ארגון הבריאות העולמי
North Atlantic Treaty Organization (NATO)	ארגון הברית הצפון–אטלנטית
International Pilots Organization	ארגון הטייסים הבינלאומי
Organization of American States (OAS)	ארגון המדינות האמריקניות
Organization of Arab States (OAS)	ארגון המדינות הערביות
Food and Agriculture Organization of the United Nations (FAO)	ארגון המזון והחקלאות של האומות המאוחדות
World Meteorological Organization	הארגון המטאורולוגי העולמי
International Trade Organization	ארגון המסחר הבינלאומי
International Labour Organisation (ILO)	ארגון העבודה הבינלאומי
World Intellectual Property Organization	הארגון העולמי לקנייני רוח
International Police Association (IPA)	ארגון השוטרים הבינלאומי
Pan American Sanitary Organization	ארגון התברואה הכל–אמריקני
International Air Transport Association (IATA)	ארגון התובלה האווירית הבינלאומי

International Civil Aviation Organization   ארגון התעופה האזרחית
(ICAO)   הבינלאומית

International Standardization Organization (ISO)   ארגון התקינה
הבינלאומי

Organization for African Unity (OAU)   הארגון לאחדות אפריקה

Palestine Liberation Organization and   הארגון לשחרור פלסטין וצבא
Palestine Liberation Army   השחרור הפלסטיני

Organization for Economic Cooperation and   הארגון לשיתוף פעולה
Development (OECD)   כלכלי ולפיתוח

Organisation des Etats Americains (OEA)   ארגון מדינות אמריקה

International Court of Justice (ICJ)   בית הדין הבינלאומי לצדק

Permanent Court of Arbitration (PCA)   בית הדין הקבוע לבוררות

Nuremberg Tribunal   בית הדין של נירנברג

Inter-American Development Bank (IDB)   הבנק הבינאמריקני לפיתוח

International Bank for Reconstruction   הבנק הבינלאומי לשיקום ולפיתוח
and Development

Export–Import Bank   הבנק לייצוא ויבוא

Union of South Africa   ברית אפריקה הדרומית

Moslem League   הברית האסלאמית

International Co-operative Alliance   ברית הקואופרציה הבינלאומית

Treaty of Friendship, Commerce and   ברית ידידות, מסחר וספנות בין
Navigation between Israel and the   ישראל ובין ארצות
United States of America   הברית של אמריקה

Union of Soviet Socialist Republics   ברית הרפובליקות הסוציאליסטיות
(USSR)   המועצתיות

Arrangement of Lisbon concerning Protection   הסדר ליסבון בדבר
of Appellations of Origin and their   הגנת כינויי מקור ורישומם
International Registration   הבינלאומי

Agreement regarding Investment Insurance   הסכם בדבר ביטוח
השקעות

Agreement concerning Mutual Protection of   הסכם בדבר הגנה
Trade Marks   אזרחית על סימני מסחר

Agreement for a Technical Cooperation Program   הסכם בדבר מצע
שיתוף טכני

Agreement relating to Mutual Defense   הסכם בדבר עזרה הדדית
Assistance   בענייני הגנה

Agreement regarding Exemption of Visas of   הסכם בדבר פטור בעלי
Holders of Diplomatic and Service   דרכונים דיפלומטיים
Passports   ודרכוני שירות מחובת אשרות

International Wheat Agreement   הסכם החיטים הבינלאומי

Agreement for Cooperation concerning Civil   הסכם השיתוף בדבר
Uses of Atomic Energy   שימוש אזרחי באנרגיה אטומית

הסכם כללי בדבר תעריפים וסחר	General Agreement on Tariffs and Trade (GATT)
הסכם סחר ותשלומים	Commercial and Payments Agreement
הסכם סיקס–פיקו	Sykes–Picot Agreement
הסכם פיצל–ויצמן	Faisal–Weizmann Agreement
ההצהרה העולמית בדבר זכויות האדם	Universal Declaration of Human Rights
הצהרה בדבר הצטרפות זמנית	Declaration concerning Provisional Accession
ההתאגדות הבינלאומית לאוקינוגרפיה פיסית	International Association of Physical Oceanography
ההתאגדות לתובלת אוויר בינלאומית	International Air Transport Association
הוועד הבינלאומי לעזרת ניצולי אושוויץ	International Committee to Help the Survivors of Auschwitz
הוועד הבינלאומי של הצלב האדום	International Committee of the Red Cross
הוועד הבינממשלתי לענייני הגירה אירופית	Intergovernmental Committee for European Migration
ועד הייעוץ הבינלאומי לענייני טלגרף וטלפון	International Telegraph and Telephone Consultative Committee (CCITT)
ועד הייעוץ הבינלאומי לענייני רדיו	International Telecommunications Consultative Committee
הוועד המשפטי המייעץ האפרו–אסייתי	Asian–African Legal Consultative Committee
הוועד הערבי העליון	Arab Higher Committee
הוועדה האנגלו–אמריקנית	Anglo–American Commission
הוועדה הבינאמריקנית הטרופית לענייני דייג	Inter–American Tropical Tuna Commission
הוועדה הבינלאומית לאלקטרוטכניקה	International Electrotechnical Commission (IEC)
הוועדה הבינלאומית להדברת חיפושית הקולורדו	International Committee for the Control of the Colorado Beetle
הוועדה הבינלאומית לרישום התדרים	International Frequency Registration Board (IFRB)
ועדה בינלאומית לשירות החיפוש הבינלאומי	International Commission for the International Tracing Service
הוועדה הבינממשלתית לאוקינוגרפיה	Intergovernmental Oceangraphic Commission
הוועדה הכלכלית של האו"ם לאירופה	U.N. Economic Commission for Europe (ECE)

U.N. Economic Commission for Latin America (ECLA)	הוועדה הכלכלית של האו"ם לאמריקה הלטינית
U.N. Economic Council for Asia and for the Far East (ECAFE)	הוועדה הכלכלית של האו"ם לאסיה ולמזרח הרחוק
Scientific Committee on Problems of the Environment (SCOPE)	הוועדה המדעית לבעיות הסובב
U.N. Special Committee on Palestine (UNSCOP)	הוועדה המיוחדת של או"ם לארץ ישראל
International Mixed Commission	הוועדה המעורבת הבינלאומית
Permanent Mixed Commission	הוועדה המעורבת המתמדת
Mixed Armistice Commission	הוועדה המעורבת לשביתת הנשק
International Law Commission	הוועדה לענייני החוק הבינלאומי
Permanent Technical Committee	ועדה מתמדת טכנית
U.N. Commission for Human Rights	ועדת האו"ם לזכויות האדם
U.N. Peace Observation Commission	ועדת האו"ם לפיקוח על השלום
U.N. Committee for Trade and Development	ועדת האו"ם לסחר ולפיתוח
Maritime Safety Committee	ועדת הבטיחות הימית
Anglo–American Enquiry Commission	ועדת החקירה האנגלית–אמריקנית
Friends' World Committee for Consultation	ועדת הייעוץ העולמית של אגודת ידידים
Commission of the Churches on International Affairs	ועדת הכנסיות לעניינים בינלאומיים
Permanent Mandates Committee	ועדת המנדטים המתמדת
International Law Commission	ועדת המשפט הבינלאומי
Peace Observation Commission	ועדת המשקיפים לשלום
Commission on Narcotic Drugs	ועדת הסמים הנרקוטיים
Intergovernmental Copyright Conference	הוועידה הבינממשלתית לענייני זכות יוצרים
League of Nations	חבר הלאומים
British Commonwealth of Nations	חבר העמים הבריטי
Arab League	החבר הערבי
Trucial Coast	חוף שביתת הנשק
Ivory Coast	חוף השנהב
Popular Liberation Front	חזית המאבק העממית
U.N. Emergency Force (UNEF)	חיל או"ם לשעת חירום
Royal Air Force	חיל האוויר המלכותי
Peace Corps	חיל השלום
World Power Conference (WPC)	הכנס הבינלאומי לכוח
International League for Human Rights	הליגה הבינלאומית לזכויות האדם

International League for Commercial Travellers	הליגה הבינלאומית לנוסעים מסחריים
Moslem League	הליגה המוסלמית
Arab League	הליגה הערבית
League of Arab States	הליגה של המדינות הערביות
Women's International League for Peace and Freedom	ליגת הנשים הבינלאומית לענייני שלום וחירות
International Chamber of Commerce (ICC)	לשכת המסחר הבינלאומית
Chamber of Commerce of the United States	לשכת המסחר של ארצות הברית
International Chamber of Shipping	לשכת הספנות הבינלאומית
Charter of the United Nations	מגילת האו"ם
International Frequency Registration Board (IFRB)	המועצה הבינלאומית לרישום תדרים
International Council of Aircraft Owner and Pilot Association	המועצה הבינלאומית של איגודי בעלי כלי טיים ואיגודי טייסים
U.N. Economic and Social Council	המועצה הכלכלית והסוציאלית של האו"ם
Supreme Moslem Council	המועצה המוסלמית העליונה
Swiss Federal Council	המועצה הפידירלית של שווייץ
Council for Mutual Economic Aid — Comecon	המועצה לעזרה כלכלית הדדית
Indo–Pacific Fisheries Council	המועצה לענייני דייג באוקינוס השקט וההודי
Customs Co–operation Council	המועצה לשיתוף פעולה בענייני מכס
Council of Europe	מועצת אירופה
Security Council	מועצת הביטחון
Conseil Général des Péches pour la Mediterranée	מועצת הדייג הכללית לים התיכון
Arab Defence Council	מועצת ההגנה הערבית
Libyan Revolutionary Council	מועצת ההפיכה הלובית
International Wheat Council	מועצת החיטים הבינלאומית
U.N. Technical Assistance Board in Israel	מועצת הסיוע הטכני של האו"ם בישראל
Permanent Central Opium Board	מועצת הקבע המרכזית לענייני אופיום
International Coffee Council	מועצת הקפה הבינלאומית
Customs Co–operation Council	מועצת השיתוף בענייני מכס
International Economic Organisations Division	המחלקה לארגונים כלכליים בינלאומיים
U.N. Observers Corps	מטה משקיפי או"ם

International Institute for the Unification of Private Law	המכון הבינלאומי לאיחוד המשפט הפרטי
International Institute for Strategic Studies	המכון הבינלאומי ללימודים איסטרטגיים
International Press Institute	המכון הבינלאומי לעיתונות
United Kingdom of Great Britain and Northern Ireland	הממלכה המאוחדת של בריטניה הגדולה ואירלנד הצפונית
Occupied Enemy Territory Administration (OETA)	מנהל ארץ האויב הכבושה
U.N. Relief and Rehabilitation Administration (UNRRA)	מנהל הסיוע והשיקום של האו"ם
Supreme Headquarters Allied Powers in Europe (SHAPE)	המפקדה העליונה של מעצמות הברית באירופה
Mount Carmel International Training Centre for Community Services	המרכז הבינלאומי להכשרה בעבודה לשירותים קהילתיים
International Research Centre on Rural Cooperative Communities (CIRCOM)	המרכז הבינלאומי לחקר קהילות שיתופיות כפריות
International Centre for the Study of the Preservation and Restoration of Cultural Property	המרכז הבינלאומי לחקר שימורם ושיחזורם של נכסי תרבות
International Technical Cooperation Centre	המרכז הבינלאומי לשיתוף פעולה טכני
International Agricultural Aviation Centre (IAAC)	המרכז הבינלאומי לתעופה חקלאית
Intenatrional Agricultural Cooperation Centre	המרכז לשיתוף חקלאי בינלאומי
International Organization of Cooperative Unions	המרכז הבינלאומי של ארגוני הצרכנים
International Computation Centre	מרכז חישוב בינלאומי
Centre for International Agricultural Cooperation	המרכז לשיתוף חקלאי בינלאומי
Centre for Agricultural Cooperation and Development for Developing Countries	המרכז לשיתוף ולפיתוח חקלאי לארצות מתפתחות
International Trusteeship System	משטר הנאמנות הבינלאומי
U.S. Operations Mission (USOM)	משלחת הפעולות של ארצות הברית
International Information Bureau of Chambers of Commerce	המשרד הבינלאומי למתן ידיעות של לשכות המסחר
Federal Bureau of Investigation (FBI)	משרד החקירות הפדרלי
Office of the U.N. High Commissioner for Refugees	משרד הנציב העליון לענייני פליטים מטעם האו"ם

International Labour Office (ILO)	משרד העבודה הבינלאומי
Pan American Sanitary Bureau	משרד התברואה הפאנאמריקני
U.N. High Commissioner for Refugees	הנציב העליון לענייני הפליטים מטעם האו"ם
U.N. Relief and Works Agency for Palestine Refugees in the Near East (UNRWA)	סוכנות האו"ם לסעד ולתעסוקה לפליטי ארץ ישראל במזרח הקרוב
Atomic Energy Agency	סוכנות האנרגיה האטומית
National Aeronautics and Space Agency (NASA)	סוכנות האווירונוטיקה והחלל האמריקנית
Central Intelligence Agency (CIA)	סוכנות הביון המרכזית
International Atomic Energy Agency (IAEA)	הסוכנות הבינלאומית לאנרגיה אטומית
European Space Agency	סוכנות החלל האירופית
Central Intelligence Agency (CIA)	סוכנות המודיעין המרכזית
Mutual Defence Agency	הסוכנות לביטחון הדדי
Agency for International Development (AID)	הסוכנות לפיתוח בינלאומי
Central Prisoners of War Agency	סוכנות מודיעין מרכזית לשבויי מלחמה
Trucial Oman	עומאן של שביתת הנשק
The General Assembly	העצרת הכללית
World Health Assembly	עצרת הבריאות העולמית
Fédération Aéronautique Internationale	הפדרציה האווירונוטית הבינלאומית
International Philatelic Federation	הפדרציה הבינלאומית לבולאות
International Federation of Airline Pilots' Association	הפדרציה הבינלאומית של איגודי הטייסים
International Confederation of Free Trade Unions (ICFTU)	הקונפדרציה הבינלאומית של האיגודים המקצועיים החפשיים
International Federation of Christian Trade Unions (IFCTU)	הקונפדרציה הבינלאומית של האיגודים המקצועיים הנוצריים
International Federation of Air Line Pilots Associations (IFALPA)	הפדרציה הבינלאומית של התאגודויות טייסי חברות האוויר
International Transport Workers' Federation	הפדרציה הבינלאומית של עובדי התובלה
World Federation of Trade Unions (WFTU)	הפדרציה העולמית של האיגודים המקצועיים
International Shipping Federation	פדרצית הספנות הבינלאומית
Federation of Arab Republics	פדרצית הרפובליקות הערביות
Combined Arab Command	הפיקוד הערבי המשותף
International Red Cross	הצלב האדום הבינלאומי

The British Commonwealth	הקהילייה הבריטית
European Economic Community	הקהילייה הכלכלית האירופית
United Arab Republic	הקהילייה הערבית המאוחדת
Commonwealth of Australia	הקהילייה של אוסטרליה
U.N. International Children's Emergency Fund (UNICEF)	קרן החירום הבינלאומית של האו"ם למען הילדים
International Monetary Fund (IMF)	קרן המטבע הבינלאומית
Development Loans Fund	הקרן למלוות פיתוח
Registration of Radio Frequencies	רישום הקצבות התדרים
Federal Aviation Authority (FAA)	רשות התעופה הפדרלית
Suez Canal Authority	רשות תעלת סואץ
Inter-American Telecommunication Network (ITN)	רשת הקשר הבינאמריקנית
European Common Market	השוק האירופי המשותף
Territories of the United States of America	שטחי הארץ של ארצות הברית של אמריקה
National Refugee Service (NRS)	השירות הארצי לפליטים
U.S. Public Health Service	שירות הבריאות הציבורית של ארצות הברית
Foreign Service of the U.S. of America	שירות החוץ של ארצות הברית של אמריקה
International Finance Corporation	התאגיד הבינלאומי למימון
U.N. Development Programme	תוכנית הפיתוח של האו"ם
World Weather Watch Program	תוכנית עולמית לבדיקת מזג האוויר
Rogers' Plan	תוכנית רו'גרס
International Load Line Certificate	תעודת קו טעינה בינלאומית

☆ U.S. GOVERNMENT PRINTING OFFICE : 1980 O—306-299